大塚宗春 [監修]
Otsuka Muneharu

福島 隆・金子良太・若林利明 [著]
Fukushima Takashi　Kaneko Ryota　Wakabayashi Toshiaki

BASIC ACCOUNTING
会計学の基本

中央経済社

は じ め に

　本書は，会計学を初めて学ぶ人達のために，会計学（特に財務会計）の基礎について書かれたものである。財務会計とは，企業が投資家や債権者などの外部のステークホルダー（利害関係者）に対して財政状態や経営成績を報告するための会計である。

　ステークホルダーが自らの意思決定を行うにあたっては，企業が公表する財務諸表は重要な情報である。企業が公表している財務諸表に関する理論や制度，また財務諸表の分析方法を学ぶと，数字という客観的データに基づいて，企業の現状や将来性を把握することができる。したがって，財務会計を学ぶと，ステークホルダーが拠出した資金の流れや企業の経営状態などをより深く理解することができるようになる。

　本書の執筆にあたっては，初学者が理解しやすいように，次の点に配慮している。
　(1)　平易な文章で解説するとともに，図表や数値例を多く用いている。
　(2)　簿記の知識がなくても理解できるように構成されている。
　(3)　知識の定着化のために，各章末に練習問題を掲載している。
　(4)　本文の補足的事項や発展学習のための内容を「Column」という囲み記事で紹介している。

　本書は，読者が財務会計や会計学に関心をもつ契機となり，より専門的な会計学の学習への橋渡しにもなるものである。本書の内容を理解すれば，財務会計の基礎を理解したといえる。それが終わったら，国際会計なども含めてさらに会計学を深く学んでくれることを執筆者一同念願している。

最後になったが，本書の出版を快く了承していただいた中央経済社会長の山本継氏に心より感謝申し上げる。また，本書の完成にあたり，各種のアドバイスをいただいた小坂井和重氏に深く感謝申し上げる。

　2024年10月

代表して　大　塚　宗　春

目　　次

はじめに

第1章　財務諸表概論 ――――――――――――――――― *1*

学習のポイント

1　**会計と財務諸表**……*1*
    1.1　会計の意義　*1*
    1.2　会計と財務諸表の役割　*1*

2　**貸借対照表と損益計算書**……*3*
    2.1　貸借対照表　*3*
    2.2　損益計算書　*4*
    2.3　貸借対照表と損益計算書の関係　*5*

3　**財務諸表の体系**……*7*
    3.1　株主資本等変動計算書　*7*
    3.2　キャッシュ・フロー計算書　*7*

4　**財務諸表作成における基礎的前提**……*8*
    4.1　会計実体の公準　*8*
    4.2　貨幣的測定の公準　*9*
    4.3　会計期間の公準　*9*

練習問題

第2章　日本の企業会計制度 ―――――――――――――― *13*

学習のポイント

1　**会計を取り巻く制度とGAAP**……*13*

2　会社法に基づく会計……*13*

3　金融商品取引法に基づく会計……*14*

4　財務諸表の監査……*16*

5　取引所の決算発表制度……*18*

6　サステナビリティ情報の開示……*20*

練習問題

第3章　貸借対照表(1)：資産 ——————————— *25*

学習のポイント

1　**資産の分類**……*25*

　1.1　資産の意義と区分表示　*25*

　1.2　流動資産と固定資産　*26*

　1.3　資産の配列方法　*27*

2　**資産の評価基準**……*28*

3　**債　　権**……*28*

　3.1　債権の意義　*28*

　3.2　債権の評価と表示　*29*

　3.3　債権の区分と貸倒見積額の算定　*30*

4　**有価証券**……*31*

　4.1　有価証券の意義　*31*

　4.2　有価証券の分類と評価基準　*32*

5　**棚卸資産**……*36*

　5.1　棚卸資産の意義　*36*

　5.2　売上原価と期末商品棚卸高の計算　*36*

　5.3　棚卸資産の期末評価　*40*

6　**有形固定資産**……*41*

　6.1　有形固定資産の意義　*41*

目　次　*III*

6.2　減価償却　*41*

6.3　有形固定資産の表示方法　*43*

7　無形固定資産……*44*

7.1　無形固定資産の意義と会計処理　*44*

7.2　無形固定資産の表示方法　*45*

8　投資その他の資産……*46*

練習問題

第4章　貸借対照表(2)：負債 ——————— *51*

学習のポイント

1　負債の分類……*51*

1.1　負債の意義と区分表示　*51*

1.2　流動負債と固定負債　*52*

2　負債の評価……*54*

3　引 当 金……*54*

3.1　引当金の本質　*54*

3.2　引当金の分類　*56*

3.3　引当金の目的　*56*

3.4　引当金設定の要件　*57*

練習問題

第5章　貸借対照表(3)：純資産 ——————— *59*

学習のポイント

1　純資産の意義と区分表示……*59*

2　株主資本……*59*

2.1　株主資本の区分　*59*

2.2 資 本 金 *60*

2.3 資本剰余金 *60*

2.4 利益剰余金 *61*

3 自己株式……*62*

3.1 自己株式の保有 *62*

3.2 自己株式の処分 *63*

3.3 自己株式の消却 *64*

4 評価・換算差額等（その他の包括利益累計額）……*65*

5 株式引受権……*65*

6 新株予約権……*65*

6.1 新株予約権 *65*

6.2 ストック・オプション *66*

7 株主資本等変動計算書……*68*

7.1 株主資本等変動計算書 *68*

7.2 株主資本の変動要因 *68*

7.3 3つの財務諸表の連携 *69*

練習問題

第6章 損益計算書 ——————————————— *73*

学習のポイント

1 損益計算書……*73*

1.1 収益と費用の意義 *73*

1.2 収益と費用の分類 *73*

1.3 損益計算書の様式 *74*

2 損益計算書の区分表示……*75*

2.1 売 上 高 *75*

2.2 売上原価 *75*

目　次　*V*

　　2.3　販売費及び一般管理費　*76*

　　2.4　営業外収益と営業外費用　*77*

　　2.5　特別利益と特別損失　*77*

　　2.6　法人税，住民税及び事業税　*78*

　　2.7　当期純利益　*78*

　　2.8　1株当たり当期純利益　*79*

3　収益と費用の認識基準……*79*

　　3.1　発生主義　*79*

　　3.2　顧客との契約に基づく収益の認識　*79*

　練習問題

第7章　キャッシュ・フロー計算書 ——————— *85*

　学習のポイント

1　キャッシュ・フロー計算書……*85*

　　1.1　キャッシュ・フロー計算書の意義　*85*

　　1.2　資金の範囲　*86*

　　1.3　キャッシュ・フロー計算書の表示区分　*86*

2　営業活動によるキャッシュ・フロー……*87*

　　2.1　営業活動によるキャッシュ・フローの表示方法　*87*

　　2.2　間接法による表示方法　*88*

3　投資活動によるキャッシュ・フロー……*92*

4　財務活動によるキャッシュ・フロー……*93*

5　フリー・キャッシュ・フロー……*95*

　練習問題

VI

第8章　連結財務諸表 —————————————— *99*

学習のポイント

1　**連結財務諸表**……*99*

1.1　連結財務諸表の意義　*99*

1.2　連結の範囲　*99*

2　**連結貸借対照表**……*100*

2.1　連結貸借対照表の様式　*100*

2.2　連結貸借対照表の作成手順　*101*

3　**連結損益計算書**……*105*

3.1　連結損益計算書の様式　*105*

3.2　連結損益計算書の作成手順　*107*

4　**連結包括利益計算書**……*110*

4.1　当期純利益と包括利益の関係　*110*

4.2　包括利益を表示する計算書　*111*

5　**持 分 法**……*112*

5.1　持分法の意義　*112*

5.2　持分法の適用範囲　*112*

5.3　持分法の会計処理　*113*

6　**セグメント情報**……*115*

6.1　セグメント情報の意義　*115*

6.2　報告セグメントの決定と開示情報　*116*

7　**在外子会社等の財務諸表項目の換算**……*117*

練習問題

目　次　*VII*

第9章　税効果会計 ———————————————— *123*

学習のポイント

1　法人に課される税金……*123*

1.1　税金の分類　*123*

1.2　法人税等の申告納付　*123*

2　会計と税務の相違……*124*

2.1　税引前当期純利益と税金の対応　*124*

2.2　収益と益金，費用と損金　*125*

3　税効果会計……*126*

3.1　税効果会計の意義　*126*

3.2　永久差異と一時差異　*126*

3.3　一時差異の解消プロセス　*127*

3.4　一時差異の分類　*128*

3.5　繰延税金資産・負債の分類と表示　*131*

3.6　繰延税金資産の回収可能性　*132*

練習問題

第10章　財務諸表分析 ———————————————— *137*

学習のポイント

1　財務諸表分析の意義……*137*

2　財務諸表の分析方法……*137*

2.1　実数分析と比率分析　*138*

2.2　時系列分析とクロスセクション分析　*138*

2.3　要約財務諸表の例　*139*

3　収益性分析……*140*

3.1　収益性の意義　*140*

3.2　総資本(総資産)事業利益率(Return on Assets：ROA)　*142*

VIII

  3.3 自己資本当期純利益率（Return on Equity：ROE） _143_

  3.4 資本利益率の分解 _143_

  3.5 売上高利益率 _145_

  3.6 資本回転率 _146_

 4 安全性分析……_149_

  4.1 安全性の意義 _149_

  4.2 流動比率と当座比率 _149_

  4.3 負債比率と自己資本比率 _151_

  4.4 固定比率と固定長期適合率 _152_

  4.5 インタレスト・カバレッジ・レシオ _154_

 <kbd>練習問題</kbd>

第11章 応用論点 ——————————— _157_

<kbd>学習のポイント</kbd>

1 将来価値と現在価値……_157_

 1.1 将来価値 _157_

 1.2 現在価値 _158_

2 貸倒懸念債権の評価……_159_

3 固定資産の減損……_160_

 3.1 減損の意義 _160_

 3.2 減損処理 _160_

4 資産除去債務……_162_

5 リース取引……_165_

 5.1 現行基準 _165_

 5.2 リースに関する会計基準 _167_

6 退職給付会計……_168_

 6.1 退職給付の意義と制度 _168_

目　　次　*IX*

　　　6.2　退職給付債務　*168*

　　　6.3　勤務費用と利息費用　*170*

　　　6.4　年金資産と期待運用収益　*171*

　　　6.5　会計処理　*172*

　　　練習問題

■資料　金融商品取引法に基づく連結財務諸表　*177*

■練習問題　解答　*187*

■索　　引　*199*

Column

1 会計とエイジェンシー理論・*3*

2 政府や非営利組織の会計・*8*

3 継続企業の前提に関する注記（GC注記）・*9*

4 中小規模の会社の会計・*17*

5 会計基準とサステナビリティ情報開示基準の国際化・*20*

6 株式と債券の比較・*32*

7 金利の調整とは・*34*

8 会計方針の注記と継続性の原則・*39*

9 賃貸等不動産の時価情報の開示・*46*

10 借入金や社債の表示方法・*53*

11 社債の発行方法と償却原価法（定額法）による社債の償却・*55*

12 偶発債務・*56*

13 費用と損失の違い・*74*

14 外貨建取引と為替差損益・*78*

15 利益とキャッシュ・フローが一致しない理由・*86*

16 各活動のキャッシュ・フローの見方・*94*

17 包括利益の数値例・*112*

18 損金算入限度超過額がある場合の利益と課税所得の関係・*128*

19 繰越欠損金にかかる税効果・*132*

20 比率にストックとフローの数値を用いる場合の注意点・*141*

21 財務数値のデータベース・*142*

22 財務レバレッジ比率と財務レバレッジ効果・*144*

23 キャッシュ・コンバージョン・サイクル（CCC）・*148*

24 キャッシュ・フローを用いた安全性分析・*153*

25 フリー・キャッシュ・フロー（FCF）と企業価値・*159*

26 減価償却と減損処理の関係・*163*

第1章

財務諸表概論

学習のポイント
財務諸表の意義／財務諸表の役割／貸借対照表と損益計算書の関係

1 会計と財務諸表

1.1 会計の意義

会計（accounting）とは，経済主体が行う活動を貨幣額で記録し，測定し，そして報告する行為である。経済主体とは，たとえば個人や家族，あるいは企業，政府，学校や病院など多様であるが，本書では企業を思い浮かべて欲しい。

1.2 会計と財務諸表の役割

企業は，意思決定のための情報提供，説明責任の履行，そして利害調整のために，**財務諸表**といういくつかの書類からなる一組の表を作成して公表している。

財務諸表作成の対象となる期間を**会計期間**，その始まりを**期首**，終わりを**期末**（または**決算日**），その間を**期中**という。日本では，**図表1-1**のように，毎

[図表1-1] 会計期間

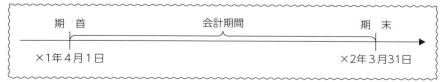

年4月1日に開始し，翌年3月31日に終了する1年間を会計期間とする企業が多い。そのような場合には，4月1日が期首，翌年3月31日が期末になる。

　財務諸表の役割を考えるために，たとえばスーパーマーケットを営む企業を想像しよう。この企業は，取引先から食料や飲料などの商品を仕入れ，顧客に販売する。必要に応じて土地や店舗を購入し，従業員を雇い給料を払う。もしこれらの活動をするうえで手元の資金が足りなければ，企業の経営者は銀行などの**債権者**からお金を借りるか，株式を発行して**株主**からお金を拠出してもらえばよい。株主，債権者，株式や債券を売買する投資家，取引先，顧客，従業員などは，経営者がどんな経営をするかに応じて利害が生じるので，**利害関係者（ステークホルダー）**という。これらの利害関係者のために財務諸表が果たす3つの役割をより詳細に説明する。

（1）　意思決定のための情報提供

　債権者がお金を貸すのは，貸したお金を利息付きで返済されることを期待するからである。株主がお金を拠出するのは，企業の利益の一部を配当として得ることや，より多くの利益を生むと期待された企業の株価が上がることを期待するからである。したがって，債権者と株主は，資金提供の意思決定のために，その企業が「倒産しないか」や「利益を得ているか」の情報を必要とする。取引先，顧客や従業員もそれらの情報を求めている。経営者は財務諸表を通じて，ステークホルダーの意思決定のための情報を提供する必要がある。

（2）　説明責任の履行

　株主や債権者は，ひとたび資金を提供すれば，自身が提供したお金を使ってどんな資産をいくら購入し，利益を得るためにそれらを効率的に利用しているかの説明を経営者に対して求めるはずである。もし資産が非効率的に利用されていれば，株主や債権者は拠出したお金を引き上げたいと考えるであろう。その意味で，資金を提供された経営者には株主や債権者に対して説明する責任が生じる。経営者は，財務諸表を通じて，提供された資金をどのように利用しているかを説明する責任を果たすことができる。

(3) 利害調整

利害関係者間で利害が一致しないこともある。たとえば、株主は利益をなるべく多く配当してほしいと考えるが、債権者は自身への返済原資が減るので配当を少なくしてほしいと考えるであろう。そこで利害関係者たちは、たとえばその企業には借金がいくらあり、その企業から株主がどれだけ配当を得て債権者がどれだけ利息を得ているかを確認したい。財務諸表はこのような利害調整のためにも用いられる。

貸借対照表と損益計算書

財務諸表を構成する代表的な書類として、**貸借対照表**と**損益計算書**がある。

2.1 貸借対照表

貸借対照表とは、期首や期末における企業の**資産**、**負債**、および**純資産**の項目と金額、つまり**財政状態**を明らかにする書類である。一般的には貸借対照表

> **Column 1 ■会計とエイジェンシー理論**
>
> 　会計は、単なる実務上の手続きではなく、経済学の理論でその意義を説明することもできる。企業が利益を得ているか、倒産しないかを判断する情報は、その企業の経営者の方が投資家よりもたくさん持っている。経営者の中にはこの情報の格差を悪用し、本当は倒産しそうなのに嘘をついて多額の資金を拠出してもらおうとするものもいるかもしれない。これにより、投資家が企業の良し悪しを判断できなくなり、資金を拠出しなくなってしまうことを経済学の用語で**アドバース・セレクション（逆選択、逆淘汰）**という。また、効率的に利益を得るために経営者が努力をしたか否かは、経営者自身の方が投資家よりもよくわかっている。経営者の中にはこの情報の格差を悪用し、経営資源を浪費するものもいるかもしれない。これを経済学の用語で**モラル・ハザード**という。
>
> 　会計や財務諸表は、経営者と投資家間の情報格差を小さくすることで、アドバース・セレクションやモラル・ハザードが引き起こす問題を緩和するために役立っている。こうした問題を緩和し、契約当事者間でより良い契約を構築するための経済理論の総称を、**契約理論**または**エイジェンシー理論**という。

の左側に資産を，右側に負債と純資産を記載する（貸借対照表の詳細については，第3章〜第5章で説明している）。

　資産の例は現金，商品，建物などである。貸付金は，目に見えない「権利」であるが，企業は後日借手から現金を返済されるから，貸付金も資産に該当する。負債の例は借入金などの，後日企業が現金を返済する「義務」である。純資産は，資産合計から負債合計を引いたものであり，資本金などが該当する。

　すなわち，貸借対照表では必ず次の関係が成立している。

　　資産合計＝負債合計＋純資産合計

貸借対照表（単位：千円）

（資産）		（負債）	
現　　金	200	借入金	500
商　　品	200	（純資産）	
建　　物	600	資本金	500

　貸借対照表の右側である負債と純資産は，資金の調達源泉や請求権を明らかにし，左側である資産は，調達した資金の運用形態を表している。たとえばこの企業は，債権者から500千円と株主から500千円の合計1,000千円を調達し，現金200千円，商品200千円，建物600千円として保有している。

　株主から調達した資金は返済不要であるが，債権者から調達した資金は後日返済しなければならない。負債が純資産に対して大きくなりすぎると返済に不安が生じる。したがって，貸借対照表は企業の安全性の評価に役立つ。

2.2　損益計算書

　損益計算書とは，1会計期間における企業の**収益**，**費用**，および**利益**または**損失**の項目と金額，つまり**経営成績**を明らかにする書類である。入門的な会計学の説明では，損益計算書の左側に費用と当期純利益を，右側に収益を書いている（損益計算書の詳細については，第6章で説明している）。

　収益の例は，売上などである。費用の例は，広告宣伝費や販売した商品の仕入れにかかった売上原価などである。損益は，収益合計から費用合計を差し引いて求める。収益合計が費用合計より大きければ当期純利益が発生し，収益合

計が費用合計よりも小さければ当期純損失が発生する。つまり，次の関係がある。

　　収益合計 − 費用合計 ＝ 当期純利益（マイナスのときは当期純損失）

　この式を書き換えることで，損益計算書は必ず次の関係が成立している。

　　収益合計 ＝ 費用合計 ＋ 当期純利益（または当期純損失）

損益計算書（単位：千円）

（費用）		（収益）	
売 上 原 価	600	売　　　上	900
広告宣伝費	100		
当期純利益	200		

　損益計算書は，1会計期間における経営成績を詳しく説明している。たとえばこの企業は，商品を販売して売上900千円を計上する一方で，販売した商品を仕入れるための費用（売上原価）600千円を計上している。また，販売促進のために費用100千円を支払って広告宣伝を行っている。売上高が多額だったとしても，商品を売るためにたくさん広告宣伝費を支払っているならば，経営の最終的な成果である利益は小さくなる。少ない広告宣伝で売上高が大きい方が，その企業の稼ぐ力は高いといえる。したがって，損益計算書は企業の収益性の評価に役立つ。

2.3　貸借対照表と損益計算書の関係

　貸借対照表と損益計算書の項目は，それぞれ**ストック**と**フロー**という観点で測定されている。ストックとはある1時点における有高であり，フローとはある期間における流量である。貸借対照表と損益計算書は，利益を通じて繋がっている（**図表1−2**）。

[図表1-2] 貸借対照表と損益計算書の関係

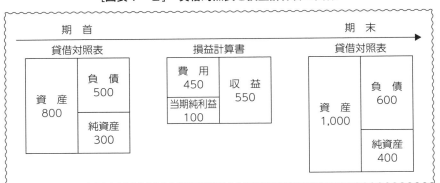

　さて，期末と期首の貸借対照表の純資産額を比較すると，純資産額は100千円（＝400千円－300千円）増えている。つまり期中のビジネスにより「返済不要な財産」が100千円増えているが，これはビジネスの成果，すなわち利益に他ならない。貸借対照表では，当期純利益は次の算式で計算することができ，この利益計算方法を**財産法**という。

　　期末純資産額400千円－期首純資産額300千円＝当期純利益100千円

　では，毎期貸借対照表だけ作成すれば，財政状態と経営成績の両方を評価できるのではないかと思うかもしれないが，当期純利益を獲得した理由がわからない。そこで，損益計算書において，当期純利益を次の算式で計算することにより，当期純利益を獲得した理由が明らかになる。この利益計算方法を**損益法**という。

　　収益合計550千円－費用合計450千円＝当期純利益100千円

　財産法と損益法は，同じ当期純利益を異なる観点で測定している。したがって，損益法による当期純利益と財産法による当期純利益は一致する。
　ここまでの説明をふまえると，期末純資産額400千円は，ビジネスを行うための期首の元手300千円とその成果100千円にわけられることにも気付くであろう。そして成果の獲得過程は，損益計算書において詳述されており，期末純資

第1章　財務諸表概論　7

産額の成果部分100千円と損益計算書の当期純利益100千円は同じものである。このように，貸借対照表と損益計算書は，利益を通じて繋がっている。

3 財務諸表の体系

　財務諸表は，貸借対照表と損益計算書に加え，キャッシュ・フロー計算書，株主資本等変動計算書，そしてこれらの重要な補足情報を記載した**附属明細表**の5つの書類からなる。第5章で株主資本等変動計算書，第7章でキャッシュ・フロー計算書を詳述しているので，本章ではこれらの概要だけ説明する。

3.1　株主資本等変動計算書

　株主資本等変動計算書とは，1会計期間における貸借対照表の純資産の部の各項目の変動要因を報告するために作成される財務諸表である。株主は，その企業の所有者であり，企業がその他の利害関係者への様々な支払いを済ませた後の残りを受け取る立場にある。しかも，株主から新たな出資を受けることもできるので，株主資本などは期中に容易，かつ頻繁に変動する。したがって，株主から調達した資本を含む純資産の残高とその変動に関する情報を伝えることは重要である。

3.2　キャッシュ・フロー計算書

　キャッシュ・フロー計算書とは，1会計期間におけるキャッシュ・フロー（資金の流れ）の状況を報告するために作成される財務諸表である。キャッシュ・フロー計算書では，1会計期間において，どのような原因でどれだけの収入と支出があったかが表示される。

　現行の利益計算の考え方に立つと，損益計算書で利益が計上されていても現金が同額増額するわけではない（詳細は，第6章第3節や第7章第1節で説明している）。したがって，企業の現金獲得能力や借入金などを返済する能力を評価するためにキャッシュ・フロー計算書が必要になる。

4 財務諸表作成における基礎的前提

　財務諸表が提供する情報は，一定の前提のもとに作られている。その基礎的前提を**会計公準**といい，会計実体の公準，貨幣的測定の公準および会計期間の公準の3つがある。

4.1　会計実体の公準

　会計実体の公準とは，会計は特定の実体に帰属する経済活動を記録の対象とするという前提である。言い換えると，会計は経済主体など「何か」の経済活動を記録していなければならない。本書ではその「何か」を企業としており，企業が会計実体となる。ただし，企業にも個人商店や株式会社など様々な形態があり，どの形態を会計実体と考えるかによって，厳密には議論が異なる。また，1つの企業を会計実体とするだけでなく，事業をともに営む企業集団を会計実体とみなすこともできる。1つの企業を会計実体とする財務諸表を**個別財**

Column 2 ■政府や非営利組織の会計

　会計が必要なのは営利を目的とする組織だけではない。少子高齢化社会の到来などの社会経済情勢の変化に対応した機動的な財政運営を行うために，政府が保有する財産や行政サービスの費用対効果を市民（納税者）などの利害関係者に対して明らかにする必要がある。国や地方自治体などの政府を対象とする会計はそのために有用である。

　また，独立行政法人のような行財政改革のために作られた組織，学校法人や公益法人など民間の非営利組織もやはり保有する財産やサービスの費用対効果を市民（納税者）などの利害関係者に明らかにする必要がある。なぜなら，非営利組織の運営には税金が充当されていたり，政府が非営利組織へ公共サービス提供の役割を委ねたり連携していたりすることを理由に非営利組織は税務上の優遇措置を受けていることもあるからである。非営利組織を対象とする会計はそのために有用である。

　政府の会計と非営利組織の会計を総称して**「公会計」**と呼ぶこともあり，会計の新たな領域として注目されている。

務諸表，企業集団を会計実体とする財務諸表を**連結財務諸表**という。さらに会計実体が企業ではなく国や地方自治体のような政府であったり，学校法人や公益法人のような非営利組織であったりする場合もある。

4.2　貨幣的測定の公準

貨幣的測定の公準とは，会計は貨幣という統一的な測定単位を用いて行われるという前提である。企業はさまざまな財やサービスを取り扱っているので，項目ごとに異なる測定単位を用いていると，集計ができなくなる。また，ある企業は貨幣額で活動を記録し，別の企業は物量や言葉で活動を記録していると，企業間での比較が難しくなる。企業活動を国際的に展開する企業であれば，貨幣単位も揃える必要がある。たとえば，日本企業がドルやユーロで取引を行った場合は，財務諸表の作成に際して，円に換算しなければならない。

4.3　会計期間の公準

会計期間の公準とは，会計期間という一定の期間を区切って会計を行うという前提である。企業は長期間にわたり継続して活動を行うことが一般的である。このような企業を**継続企業**（ゴーイング・コンサーン，Going Concern：GC）という。このため，財務諸表を作成するにあたり，人為的に一定期間に区切り（会計期間），その期間における経営成績や測定時点における財政状態を判断する必要がある。この前提は，継続企業を想定するからこそおかれる前提であるため，**継続企業の公準**と呼ばれることもある。

Column 3 ■継続企業の前提に関する注記（GC注記）

　財務諸表は，長期間にわたり継続して活動を行う企業を想定して作成される。経営者は，自社が継続して活動を行えるかどうかを評価しなければならない。評価の結果，たとえば期日までに借入金を返済することが難しいなどの理由で事業を継続できない可能性があり，それを解消するための努力をしてもなお事業を継続できるか疑わしい場合には，継続企業の前提に関する事項を財務諸表に注記しなければならない。これを一般に，継続企業の前提に関する注記（GC注記）という。

_10_

●   ●   ●

■**練習問題 1**（「1．会計と財務諸表」の問題）

次の文章の（　）に入る適切な語句を答えなさい。

1．会計とは，経済主体が行う活動を（①）で記録し，測定し，そして報告する行為である。

2．企業は，（②）決定のための情報提供，（③）責任の履行，そして（④）調整のために財務諸表を作成する。

3．財務諸表作成の対象となる期間を（⑤），その始まりを期首，終わりを期末，その間を（⑥）という。

➡ **解答は187ページ**

■**練習問題2**（「2．貸借対照表と損益計算書」の問題）

次の文章の（　）に入る適切な語句を答えなさい。

1．一般的には，貸借対照表の左側に（①）を，右側に（②）と純資産を記載する。

2．収益合計が費用合計よりも大きい場合には，損益計算書の左側に（③）を記載する。

3．ある企業の期首純資産額が500千円，期末純資産額が800千円であれば，（④）法により，当期純利益は（⑤）千円である。

4．ある企業の収益合計が600千円，費用合計が450千円，期末純資産額が800千円であれば，期首純資産額は（⑥）千円である。

➡ **解答は187ページ**

■**練習問題3**（「3．財務諸表の体系」，「4．財務諸表作成における基礎的前提」の問題）

次の文章の（　）に入る適切な語句を答えなさい。

1．1会計期間における資金の流れの状況を報告するために作成される財務諸表を（①）という。

2．財務諸表が有する基礎的前提を（②）という。

3．（③）とは，会計は貨幣という統一的な測定単位を用いて行われるという前提

である。

4．企業は長期間にわたり継続して活動を行うことが一般的であり，このような企業を（④）という。

➡ **解答は187ページ**

■**練習問題4**（まとめ問題）

次の文章が正しければ○，誤りであれば×としなさい。

1．財務諸表は，利害関係者間で利害が一致することを前提に作成される。

2．財産法と損益法は，当期純利益を異なる観点で測定している。

3．会計実体は1つの企業を指し，複数の企業集団を会計実体とみなすことはない。

➡ **解答は187ページ**

第2章

日本の企業会計制度

学習のポイント

GAAP／会社法会計と金融商品取引法会計の
違い／財務諸表監査の意義

1 会計を取り巻く制度とGAAP

　各企業が財務諸表を好き勝手に作成していたのでは，利害関係者は企業間の
比較や，過去との比較ができない。そこで，財務諸表は，一定の「約束事」に基
づいて作成される。日本の会計において「約束事」にあたるのは，**一般に公正
妥当と認められた会計原則**（GAAP：Generally Accepted Accounting Principles）
である。

　GAAPは，1949年に大蔵省企業会計審議会が定めた**企業会計原則**，同審議会
が作成してきた会計基準，2001年に民間団体の**財務会計基準機構**（FASF）が
設置した**企業会計基準委員会**（ASBJ）が作成する会計基準，これまでのビジ
ネスでの慣行などを合わせたもので構成されている。

　ただし，GAAPは法律ではないので，強制力がない。そこで日本の会計制度
は，会社法や金融商品取引法といった法律において，GAAPに従った財務諸表
を作成しなければならないと規定することで形成されている。

2 会社法に基づく会計

　1899年に制定された商法を改正して2005年に制定された**会社法**では，株主お
よび債権者を保護し，互いの利害を調整することを目的として，**分配可能額**

（株主に対する配当等の限度額）の算定の仕方を規定している。これにより，経営者，株主，債権者間での利害調整を行う。会社法は，すべての会社を対象に営業上の財産および損益の状況を明らかにすることを求め，毎決算期において**計算書類**の作成を要請している。会社法では，財務諸表を計算書類と称している。計算書類は，「貸借対照表」，「損益計算書」，「株主資本等変動計算書」および「個別注記表」で構成される。また，後述する金融商品取引法が適用される会社は，連結計算書類も作成しなければならない。連結計算書類は，「連結貸借対照表」，「連結損益計算書」，「連結株主資本等変動計算書」，「連結注記表」で構成される。

　具体的な計算書類の作成と開示は，会社法に基づいて制定された「**会社法施行規則**」，「**会社法計算規則**」および「**電子公告規制**」という省令に従わなければならない。株主の権利は，これらに準拠した計算書類で経営成績や財政状態を知れることで保護される。しかし，会社の財産をすべて株主に分け与えると，債権者への返済原資がなくなってしまう。会社法は，会社が維持すべき資本を規定し，その部分の配当を禁じることで債権者の権利も保護している。

　また会社法は，会社の意思決定や運営のために社内にどのような機関を設置できるかを定めている。たとえば，会社の意思決定の最高機関である**株主総会**や，経営者が株主に代わって業務執行をして会社を代表する立場になるための機関である**取締役**などがある。計算書類の開示スケジュールも，会社が設置した機関の種類と**公開会社**（取引の制限がない株式を発行している会社）か否かによって異なる。

3　金融商品取引法に基づく会計

　1948年に制定された証券取引法を改正して2007年に制定された**金融商品取引法**では，私的な利害調整を超えた国民経済全体の発展と投資家保護を目的として，投資判断に必要な経営成績や財政状態の開示の仕方を規定している。

　金融商品取引法では，会社が株式や債券などの**有価証券**を１億円以上発行するときは「**有価証券届出書**」を，発行した有価証券が資本市場で流通しているときは「**有価証券報告書**」を，金融庁を通じて内閣総理大臣に提出し，投資家

を中心とする一般公衆が自由に閲覧できるようにしなければならないと定めている。これらの書類には様々な情報が記載されるが，その中でも重要なのは，有価証券の発行者である企業の事業内容と財務諸表の情報である。財務諸表は，「貸借対照表」，「損益計算書」，「株主資本等変動計算書」，「キャッシュ・フロー計算書」および「附属明細表」で構成される。また，企業集団の経理の状況として連結財務諸表も作成しなければならない。連結財務諸表は，「連結貸借対照表」，「連結損益計算書」，「連結包括利益計算書」，「連結株主資本等変動計算書」，「連結キャッシュ・フロー計算書」および「連結附属明細表」で構成される。連結包括利益計算書は，第8章で詳述する。

金融商品取引法のもとでは，財務諸表の作成と開示においてGAAPや「**財務諸表等規則**」などに従うことが定められている。財務諸表等規則は，正式には「財務諸表等の用語，様式及び作成方法に関する規則」といい，内閣府の府令である。

金融商品取引法は，投資家が適時に意思決定を行えるように，1年の途中で財務諸表を開示することも求めている。具体的に期首から6か月後までの情報である**半期報告書**を金融庁を通じて内閣総理大臣に提出しなければならない。これまで，3か月ごとに四半期報告書を提出することが求められていたが，2024年4月以降に開始する事業年度からは，金融商品取引法では四半期報告書の開示義務は廃止されている。

会社法と金融商品取引法を比較すると，**図表2−1**のようになる。

[図表2−1] 会社法と金融商品取引法の比較

	会社法	金融商品取引法
目的	株主および債権者の利害調整	国民経済全体の発展と投資家保護
適用対象	すべての会社	主に上場企業
財務諸表の呼称	計算書類，連結計算書類（一部の会社）	財務諸表，連結財務諸表
財務諸表作成，開示の主な省令	会社法施行規則，会社法計算規則，電子公告規制	財務諸表等規則

4 財務諸表の監査

　財務諸表を作成するための規則があっても，開示された財務諸表がその規則をきちんと守っているとは限らない。経営成績や財政状態が良い方が，株価が高くなったり，企業は金融機関からの融資を受けやすくなったりするので，企業の経営者にはGAAPから逸脱した不適正な会計処理である**粉飾決算**をするインセンティブがある。また，経営者は故意でなくても作成時に重大な誤りをおかす可能性がある。そのような財務諸表は，意味がないどころかかえって投資家をはじめとする利害関係者を混乱させるであろう。そこで，財務諸表の信頼性を担保する仕組みが必要となる。

　会社法と金融商品取引法は，その仕組みとして，企業から独立した立場の**公認会計士**や**監査法人**から財務諸表の監査を受けることを要求している。監査とは，企業の財務諸表がGAAPに準拠して適正に作成されているか否か，その企業とは独立した公認会計士や監査法人が意見を表明することである。監査人の財務諸表の適正表示に関する意見は**監査報告書**に記載され，財務諸表に添付される。監査報告書は，巻末の資料（184ページ）を参照されたい。

　会社法は**大会社**（資本金5億円以上または負債200億円以上の会社）について計算書類の監査を受けることを要求しており，金融商品取引法は有価証券届出書や有価証券報告書に記載されている財務諸表の監査を受けることを要求している。また，半期報告書も公認会計士や監査法人から監査より簡便な方法である**レビュー**を受け，ある程度の信頼性が保証されていなければならない。

　図表2－2のように，財務諸表の監査を行う公認会計士や監査法人は独立した存在である。ただし，**図表2－2**では監査の矢印は財務諸表に向いているが，経営者が受託した財産を適切に保全と運用する仕組みが，企業内部において構築されていなければ，粉飾決算を防ぐことは難しい。そこで会社法や金融商品取引法は，**内部統制**という企業の内部での仕組みを要求している。内部統制とは，業務の有効性と効率性，非財務情報を含む外部報告の信頼性，法令の遵守および資産の保全の4つの目的が達成されるために，組織内のすべての者によって遂行されるプロセスをいい，統制環境，リスクの評価と対応，統制活動，

[図表2-2] 財務諸表の監査制度

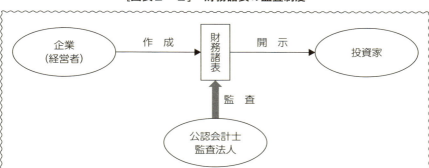

情報と伝達，監視活動およびITへの対応の6つの基本的要素から構成される。金融商品取引法は，内部統制の状況について説明する**内部統制報告書**の開示を求めており，内部統制の有効性についても公認会計士や監査法人から**内部統制**

Column 4 ■中小規模の会社の会計

　会社の規模に関係なく，取引の経済実態が同じなら会計処理も同じになるべきである。しかし，たとえば利害関係者が多くない会社や非上場の中小規模の会社に高度で複雑な会計基準を強制しても，その情報を必要とする関係者は少数の既存株主，取引先，金融機関や税務当局などに限られるかもしれない。そのため，財務諸表作成コストが社会的便益に見合わない場合がある。

　そこで，日本公認会計士協会，日本税理士会連合会，日本商工会議所およびASBJの4団体が主体となり，より簡便な会計ルールである「中小企業の会計に関する指針」（中小企業会計指針）を公表している。これは，(1)金融商品取引法の適用を受ける会社ならびにその子会社および関連会社，(2)会計監査人を設置する会社およびその子会社を除く株式会社に適用される。とりわけ，取締役と共同して計算書類を作成する**会計参与**という専門家の機関を設置する会社を念頭に置いている。

　また，会計参与もいない会社に対しては，中小企業庁が公表した「中小企業の会計に関する基本要領」（中小会計要領）がある。現実には，多額の資金を調達してグローバルに事業展開する企業よりも国内で産業を担う中小企業の方が圧倒的に多いので，中小企業会計指針や中小会計要領は重要である。

監査を受けなければならない。

5 取引所の決算発表制度

　法律に基づく会計制度とは別に，東京証券取引所のような**金融商品取引所**は，独自に決算発表の制度を設けている。金融商品取引所に上場する企業には，「**有価証券上場規程**」に従って重要な会社情報の適時，適切な開示を行うことが義務づけられている。

　具体的に上場企業は，**決算短信**という開示書類を作成して金融商品取引所に提出するとともに，取引所の記者クラブで新聞記者を前に記者会見を行う。企業は，提出することを法律で定められている有価証券報告書のような開示書類の提出期限よりも早期に決算短信の提出を要請されている。また，前述のように金融商品取引法では，2024年4月以降に開始する年度からは，四半期報告書の開示義務が廃止されているが，有価証券上場規程では，3か月ごとに**四半期決算短信**も提出しなければならない。これらにより，投資家は適時に情報を得ることができる。ただし決算短信は監査を受けておらず，かつ断片的な情報であるため，信頼性では有価証券報告書や会社法の計算書類よりも劣る。

　決算短信においては，当期の決算の内容に加えて，次期の業績予想も開示されることが多い。業績予想に重要な変更があった場合には，ただちに修正開示しなければならない。決算短信のサマリー情報の例は，19ページに示すとおりである。

第２章　日本の企業会計制度　*19*

2024年３月期　決算短信〔日本基準〕（連結）

2024年５月14日

上 場 会 社 名　　株式会社ニトリホールディングス　　　　上場取引所　　東・札
コ ー ド 番 号　　9843　URL https://www.nitorihd.co.jp/
代 表 者　（役職名）　代表取締役社長
　　　　　　　　　　　兼最高執行責任者（ＣＯＯ）　　　（氏名）白井 俊之
問合せ先責任者　（役職名）　執行役員財務経理部
　　　　　　　　　　　ゼネラルマネジャー　　　　　　　（氏名）善治 正臣　（TEL）03-6741-1204
定時株主総会開催予定日　　2024年６月20日　　配当支払開始予定日　　2024年６月４日
有価証券報告書提出予定日　2024年６月21日
決算補足説明資料作成の有無　：　有
決算説明会開催の有無　　　　：　有　（　機関投資家・アナリスト向け　）

（百万円未満切捨て）

1．2024年３月期の連結業績（2023年４月１日～2024年３月31日）
（１）連結経営成績

（％表示は対前期増減率）

	売上高		営業利益		経常利益		親会社株主に帰属する当期純利益	
	百万円	％	百万円	％	百万円	％	百万円	％
2024年３月期	895,799	△5.5	127,725	△8.8	132,377	△8.1	86,523	△9.0
2023年３月期	948,094	16.8	140,076	1.3	144,085	1.6	95,129	△1.6

（注）包括利益　2024年３月期　94,931百万円（△5.0%）　2023年３月期　99,881百万円（△4.9%）

	１株当たり当期純利益	潜在株式調整後１株当たり当期純利益	自己資本当期純利益率	総資産経常利益率	売上高営業利益率
	円 銭	円 銭	％	％	％
2024年３月期	765.62	—	10.1	11.2	14.3
2023年３月期	841.90	—	12.3	13.6	14.8

（参考）持分法投資損益　2024年３月期　542百万円　2023年３月期　929百万円
（注）　2023年３月期に決算日を２月20日から３月31日に変更しているため、前連結会計年度（2022年２月21日から2023年３月31日）と比較対象期間が異なりますが、対前期増減率については参考数値として記載しております。

（２）連結財政状態

	総資産	純資産	自己資本比率	１株当たり純資産
	百万円	百万円	％	円 銭
2024年３月期	1,238,679	896,308	72.4	7,931.07
2023年３月期	1,133,771	818,096	72.2	7,239.04

（参考）自己資本　2024年３月期　896,304百万円　2023年３月期　818,096百万円

（３）連結キャッシュ・フローの状況

	営業活動による キャッシュ・フロー	投資活動による キャッシュ・フロー	財務活動による キャッシュ・フロー	現金及び現金同等物 期末残高
	百万円	百万円	百万円	百万円
2024年３月期	143,593	△131,824	△20,606	117,313
2023年３月期	91,398	△132,538	36,903	125,115

2．配当の状況

	年間配当金					配当金総額 （合計）	配当性向 （連結）	純資産 配当率 （連結）
	第１四半期末	第２四半期末	第３四半期末	期末	合計			
	円 銭	円 銭	円 銭	円 銭	円 銭	百万円	％	％
2023年３月期	—	73.00	—	73.00	146.00	16,534	17.3	2.1
2024年３月期	—	75.00	—	72.00	147.00	16,669	19.2	1.9
2025年３月期（予想）	—	76.00	—	76.00	152.00		18.7	

3．2025年３月期の連結業績予想（2024年４月１日～2025年３月31日）

（％表示は、通期は対前期、四半期は対前年同四半期増減率）

	売上高		営業利益		経常利益		親会社株主に帰属する当期純利益		１株当たり当期純利益
	百万円	％	百万円	％	百万円	％	百万円	％	円 銭
第２四半期（累計）	456,100	9.4	56,700	2.8	58,500	2.8	40,200	5.7	393.76
通　期	960,000	7.2	129,600	1.5	134,000	1.2	92,000	6.3	814.07

6 サステナビリティ情報の開示

　利害関係者の意思決定には，貨幣額で表わされる会計情報以外の情報も重要である。利害関係者は，たとえば，**環境，社会，ガバナンス（ESG）**に関する情報や，**持続可能社会への貢献**（サステナビリティ）に関する情報などにも関心を有している。昨今，そうした情報開示も制度化が進展し，会計情報と併せて企業間で比較可能になってきている。

　たとえば，2023年4月以降に開始する年度からは，有価証券報告書において気候変動を含む「サステナビリティ」と「人的資本，多様性等」に関する情報を記載することとなった。また，東京証券取引所も2021年から「コーポレートガバナンス・コード」において，気候変動に係るリスクが自社の事業活動や収

Column 5 ■会計基準とサステナビリティ情報開示基準の国際化

　国際的に事業を展開する企業は，世界中の投資家から資金を調達したいと考えており，投資家もまた世界中の企業に投資したいと考えている。国ごとに会計基準が異なっていると投資家にとって企業の比較が難しくなり，企業は十分に資金を集められない。会計基準の違いが経済活動の妨げになるおそれもある。そこでグローバルな単一の会計基準が必要となるが，現在その役割は，民間団体のIFRS財団が設置した**国際会計基準審議会（IASB）**が作成する**国際財務報告基準（IFRS）**が担っている。金融商品取引法および会社法で連結財務諸表の作成においてはIFRSを適用することが認められているので，日本でもグローバル企業をはじめとして270社以上（2024年9月時点）がIFRSに準拠した連結財務諸表を作成している（個別財務諸表についてはIFRSの適用は認められない）。

　IFRS財団は，2021年に**国際サステナビリティ基準審議会（ISSB）**も設置している。ISSBは，サステナビリティ情報開示の国際的な基準である，IFRSサステナビリティ開示基準を設定している。

　日本でも海外でも，会計基準の作成を担う組織を設置する民間団体が，サステナビリティ情報など会計以外の情報の開示基準の作成も手掛けるようになっている。このことは，会計専門家が取り扱う領域や求められる期待がますます大きくなっていることを意味しているのかもしれない。

益等に与える影響について必要なデータの収集と分析を行い開示することを奨励している。2022年にFASFはASBJとは別に**サステナビリティ基準委員会（SSBJ）**を設置した。SSBJは，サステナビリティ情報の開示基準を整備している。日本の会計基準設定機関の組織の関係を簡略的に示したのが**図表２－３**である。

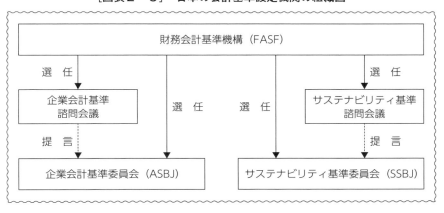

[図表２－３] 日本の会計基準設定機関の組織図

● ● ●

■**練習問題１**（「１．会計を取り巻く制度とGAAP」の問題）

次の文章が正しければ〇，誤りであれば×としなさい。
1. 日本の会計は，一般に公正妥当と認められた会計原則（GAAP）を規範としている。
2. GAAPは，国会で審議され可決が必要な法律である。
3. 民間団体の財務会計基準機構（FASF）が設置した企業会計基準委員会（ASBJ）が作成する会計基準はGAAPに含まれる。

➡ 解答は187ページ

■**練習問題2**（「2．会社法に基づく会計」の問題）

次の文章の（　）に入る適切な語句を答えなさい。

1．会社法では，（①）および（②）を保護し，互いの利害を調整することを目的として，（③）の算定の仕方を規定している。

2．会社法で作成を要請している計算書類は，（「④」），（「⑤」），「株主資本等変動計算書」および「個別注記表」で構成される。

3．計算書類の具体的な作成と開示は，会社法に基づき制定された「会社法施行規則」（「⑥」）および「電子公告規制」という省令に従わなければならない。

➡ **解答は187ページ**

■**練習問題3**（「3．金融商品取引法に基づく会計」の問題）

次の文章の（　）に入る適切な語句を答えなさい。

1．金融商品取引法では，（①）全体の発展と（②）保護を目的として，投資判断に必要な経営成績や財政状態の開示の仕方を規定している。

2．金融商品取引法では，会社が株式や債券などの有価証券を（③）円以上発行するときには「有価証券届出書」を，発行した有価証券が資本市場で流通しているときには（「④」）を，金融庁を通じて内閣総理大臣に提出しなければならないと定めている。

3．金融商品取引法における財務諸表作成，開示の主な省令として，（「⑤」）がある。

4．金融商品取引法では，投資家が適切ないし適時の決定を行えるように，期首から6か月後までの情報である（⑥）を金融庁に提出しなければならない。

➡ **解答は187ページ**

■**練習問題4**（「4．財務諸表の監査」の問題）

次の文章が正しければ○，誤りであれば×としなさい。

1．株主や債権者は早期の情報開示を求めているから，財務諸表に重大な誤りがあってもとにかく早く開示することが利害関係者の意思決定に役立つ。

2．GAAPから逸脱した不適正な会計処理を粉飾決算という。

3．財務諸表の監査とは，公認会計士や監査法人から，企業の財務諸表がGAAPに

準拠して適正に作成されているか意見を表明することである。

4．金融商品取引法に基づく有価証券届出書や有価証券報告書の財務諸表は，公認
会計士や監査法人による監査を受けなければならない。

5．内部統制の有効性は，公認会計士や監査法人からの内部統制監査によって
チェックされる。

➡ 解答は187ページ

■**練習問題5**（「5．取引所の決算発表制度」，「6．サステナビリティ情報の開示」
の問題）

次の文章の（　）に入る適切な語句を答えなさい。

1．取引所の上場企業は，決算の内容が定まった場合は，ただちにその内容を（①）
という開示書類を作成して証券取引所に提出しなければならない。この書類で次
期の（②）も開示することが多い。

2．投資家が適時に情報を得ることができるように，上場企業は3か月ごとに（③）
短信も証券取引所に提出しなければならない。

3．2023年4月以降に開始する年度からは，有価証券報告書において気候変動を含
む（④）と（⑤）に関する情報を記載することになっている。

4．2022年にFASFはASBJとは別にサステナビリティ情報の開示基準を整備する
（⑥）を設置した。

➡ 解答は188ページ

第3章

貸借対照表(1)：資産

学習のポイント
資産の区分表示／資産の具体例／各資産の評価基準

1 資産の分類

1.1 資産の意義と区分表示

資産とは，将来，企業に資金の流入をもたらす経済的資源である。資産は，**流動資産**，**固定資産**，**繰延資産**に分類され，貸借対照表ではこれら3つに区分して表示される。ただし，繰延資産は貸借対照表に計上されることが少なくなってきているので，説明を省略する。

資産を流動資産と固定資産に分類するにあたっては，まず**正常営業循環基準**を適用し，次に**1年基準**を適用する。営業循環は，企業が商品を仕入れて販売し（または原材料を仕入れて製造した製品を販売し），その販売代金を回収するという主たる営業活動の循環である（**図表3－1**）。正常営業循環基準とは，この営業循環の過程内にある資産を流動資産とする基準である。

[図表3－1] 営業循環とそれに対応する資産

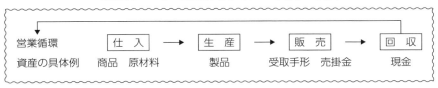

正常営業循環基準から外れた資産には1年基準が適用される。1年基準とは，決算日の翌日から1年以内に現金化される資産は流動資産とし，1年を超えて現金化される資産は固定資産とする基準である。資産の分類方法をまとめると，**図表3－2**のようになる。

[図表3－2]　資産の分類方法

```
┌─────────────────┐                    Yes
│ 営業循環過程にある │─────────────────────────→ 流動資産
└─────────────────┘
       │
       │ No              ┌──────────────┐   Yes
       │                 │ 決算日の翌日から │─────→
       └────────────────→│ 1年以内に現金化される│
                         └──────────────┘   No  → 固定資産
```

　後述するように，固定資産はさらに**有形固定資産，無形固定資産，投資その他の資産**の3つに区分して表示される。

1.2　流動資産と固定資産

　流動資産と固定資産の具体例を示すと，**図表3－3**と**図表3－4**のようになる。

[図表3－3]　流動資産の具体例

科　　目	内　　　　容
現金及び預金	貨幣，普通預金，当座預金など
受 取 手 形	手形（定められた期日に額面金額の決済を約束する証券）の受取りから生じた債権
売 　 掛 　 金	商品などの掛売上（代金を後日受け取る約束での商品販売）から生じた債権
有 価 証 券	売買目的で保有する株式など
商品（製品）	通常の営業活動において，販売目的で保有する財
短 期 貸 付 金	金銭の貸付けから生じた債権のうち，満期日が決算日の翌日から1年以内のもの
未 収 入 金	企業の主たる営業活動以外の取引から生じた債権
前 払 費 用	一定の契約に従い，役務（サービス）の提供を継続的に受ける場合において，未提供の役務に対して，当期に前もって支払った対価（前払家賃など）
未 収 収 益	一定の契約に従い，役務（サービス）の提供を継続的に行う場合において，すでに提供した役務に対して，いまだ対価を受け取っていないもの（未収利息など）

[図表３－４] 固定資産の具体例

科　目	内　容
建　　　物	事務所，工場などの建物本体と，その付属設備（照明設備や冷暖房設備）
機 械 装 置	各種の機械と装置，およびそれに付随する設備
工具器具備品	作業用工具，コピー機，コンピュータ，陳列棚などのうち，耐用年数が１年以上のもの
車 両 運 搬 具	自動車などの陸上運搬具
土　　　地	事務所，工場などの敷地
建 設 仮 勘 定	建設中の有形固定資産への支払額を一時的に記録したもの
ソフトウェア	コンピュータ（パソコンやスマートフォン）を動かすためのプログラムで，一定の要件を満たすもの
長 期 貸 付 金	金銭の貸付けから生じた債権のうち，満期日が決算日の翌日から１年を超えるもの
投資有価証券	長期保有目的の株式など
繰延税金資産	第９章を参照

1.3　資産の配列方法

　貸借対照表において，資産と負債の各項目を配列する方法には**流動性配列法**と**固定性配列法**がある。流動性配列法では，流動項目を先に，固定項目を後に配列する。逆に，固定性配列法では，固定項目を先に，流動項目を後に配列する（**図表３－５**）。流動性配列法が原則であり，固定性配列法は設備などの固定資産の占める割合が大きい電力会社などで採用されている。

[図表３－５] 流動性配列法と固定性配列法

【流動性配列法】		【固定性配列法】	
（資産の部） 流動資産 固定資産	（負債の部） 流動負債 固定負債	（資産の部） 固定資産 流動資産	（負債の部） 固定負債 流動負債
	（純資産の部）		（純資産の部）

　貸借対照表では，原則として資産，負債および純資産は総額で表示する**総額主義の原則**に基づく。したがって，たとえば売掛金300千円と買掛金200千円を

相殺して，売掛金100千円とだけ表示することは認められない。このような相殺表示を行うと，資金調達源泉である負債と純資産の構成比率や，資金運用形態（資産）とその調達源泉（負債と純資産）との関係が不明瞭になるからである。

2　資産の評価基準

　貸借対照表に計上する資産と負債の金額を決定することを評価という。資産の評価基準は，**取得原価**（historical cost）と**時価**（fair value：公正価値ともいう）に大別できる。

　取得原価評価は，その資産を購入するのに要した金額である取得原価を基礎とする評価基準である。時価評価は，資産の時価を基礎にする評価基準である。通常，資産の時価は，決算時における市場価格を用いる。ただし，資産の市場価格がない場合は，市場価格の代用として資産の**現在価値**を用いることもある（現在価値については，第11章で説明している）。

3　債　　権

3.1　債権の意義

　債権とは，ある特定の人（債権者）が他の特定の人（債務者）に対して，一定の行為や給付を請求できる権利である。債権のうち金銭の給付を目的とする債権を**金銭債権**という（以下では，金銭債権を説明しているが，債権と表記している）。債権が流動資産または固定資産のいずれに分類されるかを示すと，**図表3－6**のようになる。

第3章　貸借対照表(1)：資産　29

［図表３－６］　債権の種類と流動・固定分類

債権
- 主たる営業取引から生じたもの（受取手形や売掛金など）　──→　流動資産
- 上記以外（貸付金や未収入金など）
  - 決算日の翌日から１年以内に現金化されるもの　──→　流動資産
  - 決算日の翌日から１年を超えて現金化されるもの　──→　固定資産

3.2　債権の評価と表示

　債権は，取得価額から貸倒見積額を控除した金額で貸借対照表に計上される。**貸倒れ**とは，相手先の倒産などにより債権が回収できなくなることである。**貸倒見積額**は，将来に発生が見込まれる貸倒れの予想額である。

　貸借対照表では，貸倒見積額は**貸倒引当金**として表示され，次のような表示方法がある。

　① 　その債権が属する科目ごとに控除する形式で表示する方法（原則）

　② 　２つ以上の科目について，貸倒引当金を一括して表示する方法

　③ 　貸倒引当金を控除した残額のみを記載し，貸倒引当金を注記する方法

　たとえば，受取手形の期末残高100千円の貸倒見積額が２千円で，売掛金の期末残高300千円の貸倒見積額が10千円である場合，それぞれ次のように表示される。

【表示例①】
貸借対照表（単位：千円）

（資産の部）		
受 取 手 形	100	
貸 倒 引 当 金	△2	98
売 掛 金	300	
貸 倒 引 当 金	△10	290

【表示例②】
貸借対照表（単位：千円）

（資産の部）		
受 取 手 形	100	
売 掛 金	300	
貸 倒 引 当 金	△12	388

【表示例③】

貸借対照表（単位：千円）

（資産の部）		
受 取 手 形	98	
売 掛 金	290	388^(注)

(注) 貸倒引当金　12千円

3.3　債権の区分と貸倒見積額の算定

　債権は，債務者の財政状態を考慮して，**一般債権**，**貸倒懸念債権**，**破産更正債権等**の３つに区分され，それぞれの区分ごとに貸倒見積額の算定方法が決められている。各債権の内容は，**図表３－７**に示すとおりである。

[図表３－７]　債権の区分と内容

区　分	内　　容
一　般　債　権	経営状態に重大な問題が生じていない債務者に対する債権
貸倒懸念債権	経営破綻の状態には至っていないが，債務の弁済に重大な問題が生じているか，または生じる可能性の高い債務者に対する債権（第11章第２節も参照）
破産更正債権等	経営破綻または実質的に経営破綻に陥っている債務者に対する債権

　ここでは，一般債権について説明する。一般債権の貸倒見積額は，通常，次の算式で求める。

　　　貸倒見積額＝債権の期末残高×過去の貸倒実績率

　たとえば，一般債権に分類された売掛金の期末残高が800千円で，過去の貸倒実績率が２％の場合，貸倒見積額は16千円なので，貸借対照表には次のように計上される。

貸借対照表（単位：千円）

（資産の部）		
売 掛 金	800	
貸 倒 引 当 金	△16	784

4 有価証券

4.1 有価証券の意義

有価証券とは，株式や債券などである。まずは，これらの概要を説明する。

(1) 株　　式
株式は，企業が資金調達のために発行する証券である（**図表3-8**）。発行者が稼いだ利益の一部を株主に分配することを**配当**という。

[図表3-8] 株式の発行者と保有者

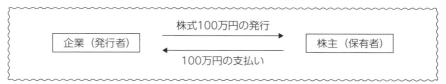

(2) 債　　券
債券は，企業が資金調達のために発行する証券である（**図表3-9**）。債券には，国が発行する国債や企業が発行する社債などがある。債券には満期があり，

[図表3-9] 社債の発行者と保有者

満期日に債券は償還される。通常，債券には利息が付いている。

　保有者にとって，有価証券は資産である。以下では，有価証券の保有者の会計処理について説明する。株式の発行者については第5章で，債券の発行者については第4章で説明している。

4.2　有価証券の分類と評価基準

　有価証券は，企業の保有目的により4つに分類され，それぞれについて評価基準が定められている。

（1）　売買目的有価証券

　売買目的有価証券とは，企業が売買を頻繁に行って利益を得ることを目的として保有する有価証券である。貸借対照表では，売買目的有価証券は時価で計上し，流動資産の区分に「有価証券」という科目で表示される。

　時価と帳簿価額（帳簿上で計上されている金額）の差額である評価差額は，**有価証券評価益**（営業外収益）または**有価証券評価損**（営業外費用）として損益計算書に計上する。たとえば，帳簿価額が180千円，決算時の時価が200千円の売買目的有価証券を保有している場合，貸借対照表と損益計算書には，次のように計上される。

貸借対照表（単位：千円）

（資産の部）	
流　動　資　産	
有価証券	200

損益計算書（単位：千円）

営業外収益	
有価証券評価益	20

Column 6 ■株式と債券の比較

　株式と債券を比較すると，次のようになる。

	株　　式	債　　券
満期	ない	ある
配当	ある	ない
利息	ない	ある

（2） 満期保有目的の債券

満期保有目的の債券とは，満期まで保有する目的の債券である。満期保有目的の債券は，取得原価で貸借対照表に計上する。ただし，債券を額面金額より低い価額または高い価額で取得した場合において，額面金額と取得原価の差額が**金利の調整**と認められるときは，**償却原価法**を適用する。

償却原価法とは，債券を額面金額と異なる価額で取得した場合に，その差額を償還期（満期）まで毎期一定の方法で，債券の帳簿価額に加算または減算する方法である。

債券の帳簿価額に加算または減算された金額を償却額という。償却額の計算方法には定額法と利息法があるが，ここでは定額法を説明する。たとえば，X1年1月1日（期首）に，満期保有目的で額面金額100千円の社債（満期日はX3年12月31日）を97千円で取得し，額面金額と取得原価の差は金利の調整と認められたとする。X1年12月31日の決算において，この社債に償却原価法の定額法を適用すると，償却額は1千円（＝（100千円－97千円）÷3年）になる。したがって，帳簿価額97千円に償却額1千円を加算した98千円で貸借対照表に計上される。毎期末にこの処理が行われるので，満期保有目的の債券の帳簿価額は，**図表3－10**のように増加していく。

［図表3－10］　満期保有目的の債券の償却

満期保有目的の債券の貸借対照表における表示区分と表示科目を示すと，**図表3－11**のようになる。

[図表３－11]　満期保有目的の債券の表示区分と表示科目

決算日の翌日から満期日までの期間	表示区分	表示科目
１年以内	流動資産	有価証券
１年超	投資その他の資産	投資有価証券

（３）　子会社株式および関連会社株式

　子会社株式および関連会社株式は，個別貸借対照表では取得原価で貸借対照表に計上し，投資その他の資産の区分に「関係会社株式」という科目で表示される。たとえば，当社（親会社）がA社（子会社）の株式を500千円で取得した場合，当社の貸借対照表には関係会社株式500千円と計上される。連結貸借対照表における子会社株式および関連会社株式の扱いについては，第８章で説明している。

（４）　その他有価証券

　その他有価証券とは，（１）から（３）以外の目的で保有する有価証券であり，長期保有目的の有価証券などが該当する。その他有価証券は，時価で貸借対照表に計上する。

　評価差額の処理方法には**全部純資産直入法**と部分純資産直入法があるが，原則である全部純資産直入法だけ説明する。全部純資産直入法とは，評価差額の合計額を貸借対照表の純資産の部に**その他有価証券評価差額金**として計上する

Column７■金利の調整とは

　額面（100円），満期（１年後），および発行体（国）は同じであるが，金利が異なる２つの国債を想定する。説明の便宜上，国債①，国債②と表記し，国債①の金利を１％，国債②の金利を２％，現在の市場金利を２％とする。

　国債①の金利は市場金利や国債②の金利より低いので，人気がないかもしれない。そこで国債①の時価を99円と仮定し，この金額で取得したとすると，額面金額は100円，取得原価は99円なので，この差額１円が金利の調整部分に相当する。また国債②の時価を100円と仮定し，この金額で取得したとすると，額面金額と取得原価がいずれも100円なので，金利の調整に相当する部分はない。

方法である（正確には，第9章で説明している税効果会計を適用する）。たとえば，その他有価証券に分類しているＡ株式とＢ株式の状況は次のとおりとする。

銘　柄	帳簿価額	時　　価
Ａ株式	150千円	180千円
Ｂ株式	200千円	190千円

　これらの株式に対して全部純資産直入法を適用した場合，評価差額と貸借対照表への計上額の関係は，以下のようになる。

銘　柄	帳簿価額	時　　価	評価差額
Ａ株式	150千円	180千円	＋30千円
Ｂ株式	200千円	190千円	－10千円
合　計	350千円	370千円	20千円

貸借対照表（単位：千円）

（資産の部）	（負債の部）
投資有価証券　370	（純資産の部） その他有価証券評価差額金　20

　その他有価証券の貸借対照表における表示区分と表示科目を示すと，**図表3－12**のようになる。

［図表3－12］　その他有価証券の表示科目と表示区分

有価証券の種類	表示区分	表示科目
株式	投資その他の資産	投資有価証券
債券（決算日の翌日から満期日まで1年以内）	流動資産	有価証券
債券（決算日の翌日から満期日まで1年超）	投資その他の資産	投資有価証券

（5）　時価が著しく下落した場合

　満期保有目的の債券，子会社株式および関連会社株式，その他有価証券のうち市場価格があるものについて時価が著しく下落したときは，回復する見込が

あると認められる場合を除いて、時価をもって貸借対照表価額とし、評価差額は当期の損失として処理する。たとえば、その他有価証券に分類されているX株式（帳簿価額100千円、時価30千円）が上記の要件を満たした場合、貸借対照表と損益計算書には、原則として次のように計上される。

貸借対照表（単位：千円）	
（資産の部）	（負債の部）
投資有価証券　30	（純資産の部）

損益計算書（単位：千円）
特別損失
投資有価証券評価損　70

棚卸資産

5.1 棚卸資産の意義

棚卸資産とは、販売目的で保有する商品と製品、製造過程にある原材料、仕掛品、半製品などである。
① 商　品……他企業から購入して、販売するもの
② 製　品……外部から原材料を購入して、自社で製造するもの
③ 仕掛品……製品が複数の工程で製造されている場合において、現に加工中のため、そのまま販売または次工程への投入が不可能なもの
④ 半製品……製品が複数の工程で製造されている場合において、1つ以上の工程を終了しているため、そのまま販売または次工程への投入が可能なもの

5.2 売上原価と期末商品棚卸高の計算

売上原価とは、企業が当期に販売した商品の仕入原価（または製品の製造原価）である。以下では、商品売買業を前提として説明する。商品売買業の場合、売上原価は次の算式で求める。この算式を図示したものが**図表3－13**である。

売上原価＝期首商品棚卸高＋当期商品仕入高－期末商品棚卸高

第3章　貸借対照表(1)：資産　*37*

[図表3−13]　商品棚卸高，仕入高，売上原価の関係

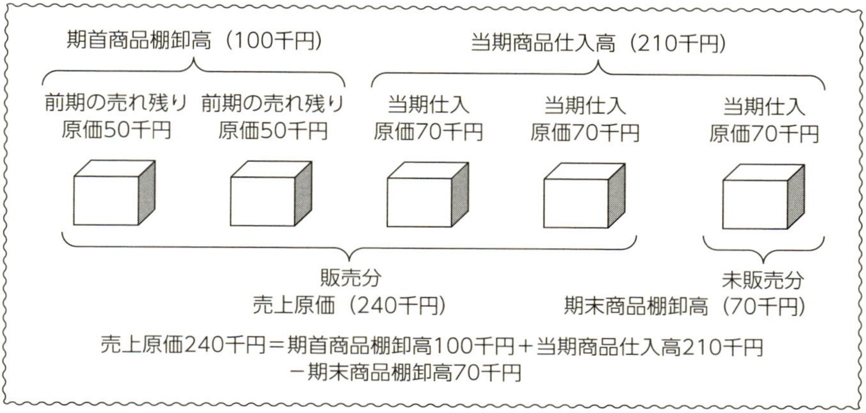

期首商品棚卸高（100千円）　　　　　当期商品仕入高（210千円）

| 前期の売れ残り
原価50千円 | 前期の売れ残り
原価50千円 | 当期仕入
原価70千円 | 当期仕入
原価70千円 | 当期仕入
原価70千円 |

販売分
売上原価（240千円）　　　　　　　　　未販売分
期末商品棚卸高（70千円）

売上原価240千円＝期首商品棚卸高100千円＋当期商品仕入高210千円
−期末商品棚卸高70千円

　　期末商品棚卸高と売上原価の金額を算定する方法には，次のようなものがある。

（1）　個別法

　　個々の商品の取得原価によって，期末商品棚卸高を決定する方法である。たとえば，次の3種類の商品売買を行った場合，期末商品棚卸高は15千円（未販売のB商品），売上原価は22千円（＝販売済のA商品10千円＋C商品12千円）になる。

商品名	取得原価	状況
A商品	10千円	販売済
B商品	15千円	未販売
C商品	12千円	販売済

（2）　先入先出法

　　最も古く取得されたものから順次販売され，期末の商品は最も新しく取得されたものからなると仮定して，期末商品棚卸高を決定する方法である。

（3） 総平均法

　一定期間内に受け入れた商品総額をその受入数量で除して平均単価を求め，その平均単価を用いて期末商品棚卸高を決定する方法である。

（4） 移動平均法

　商品を仕入れるたびに平均単価を求め，その平均単価を用いて期末商品棚卸高を決定する方法である。

（5） 売価還元法

　類似性に基づく商品のグループごとの期末の売価合計額に，原価率（＝原価÷売価）を乗じて期末商品棚卸高を決定する方法である。売価還元法は，取扱商品の種類が非常に多い百貨店などで用いられることが多い。

例題 3 − 1

　次の資料に基づいて，①先入先出法，②総平均法，③移動平均法によった場合の期末商品棚卸高と売上原価を求めなさい。決算日は12月31日である（@は単価という意味である）。

1/1	前期繰越	20個	@100円	（原価）	2,000円
5/10	仕　入	20個	@150円	（原価）	3,000円
6/13	売　上	30個	@250円	（売価）	7,500円
10/24	仕　入	10個	@140円	（原価）	1,400円

解　答

	期末商品棚卸高	売上原価
先入先出法	2,900円	3,500円
総 平 均 法	2,560円	3,840円
移動平均法	2,650円	3,750円

　いずれの方法でも，期首商品棚卸高は2,000円，当期商品仕入高は4,400円（＝3,000円＋1,400円）である。

① 　先入先出法

　先に仕入れたものから先に売れたと仮定するので，6/13の売上30個は，前期繰

越分20個と5/10の仕入分10個を販売したことになる。

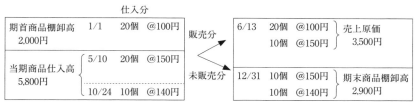

売上原価：2,000円＋4,400円－2,900円＝3,500円

② 総平均法

1個当たりの平均単価：$\dfrac{2,000円＋3,000円＋1,400円}{20個＋20個＋10個}＝@128円$

期末商品棚卸高：20個×@128円＝2,560円

売上原価：2,000円＋4,400円－2,560円＝3,840円（または30個×@128円＝3,840円）

③ 移動平均法

5/10仕入後の平均単価：$\dfrac{2,000円＋3,000円}{20個＋20個}＝@125円$

期末商品棚卸高：10個×@125円＋10個×@140円＝2,650円

売上原価：2,000円＋4,400円－2,650円＝3,750円（または30個×@125円＝3,750円）

Column 8 ■会計方針の注記と継続性の原則

【例題3－1】のように，1つの取引について複数の会計処理方法が認められている場合がある。画一的な方法しか認められていないと，企業の多様な経済活動の実態を適切に表せない場合があるため，各企業が実態に最も適した方法を選択できるようにしているのである。複数の会計処理が認められている場合，企業は採用した方法を記載しなければならず，これを**会計方針の注記**という。会計方針の注記の例としては，有価証券の評価基準と評価方法，棚卸資産の評価基準と評価方法，固定資産の減価償却方法，引当金の計上基準などがある。

複数の処理が認められているので，採用した方法によって利益などの財務数値が変わる。そうすると，企業は利益が最大になるような会計方針を恣意的に選択して，利益を操作することが可能になる。また会計期間によって処理方法が異なると，財務数値の期間比較が困難になる。このようなことを防ぐために，**継続性の原則**が定められている。これは，会計処理の原則や手続を毎期継続して適用し，正当な理由がない限り変更してはならないという原則である。

5.3 棚卸資産の期末評価

　期末に残っている棚卸資産は，取得原価で貸借対照表に計上する。ただし，棚卸資産の**正味売却価額**（＝売却時価－追加的な製造原価および販売経費）が取得原価より低くなった場合は，正味売却価額で貸借対照表に計上する。

　取得原価と正味売却価額の差額は**棚卸資産評価損**として，原則として売上原価に加算する。棚卸資産の正味売却価額が取得原価より高くなった場合は，取得原価で貸借対照表に計上し，評価益は計上されない（**図表３－14**）。

[図表３－14]　**棚卸資産の期末評価**

商品名	取得原価	正味売却価額	貸借対照表の商品の金額	棚卸資産評価損
X商品	10千円	8千円	8千円	2千円
Y商品	10千円	15千円	10千円	――

　棚卸資産評価損は，次の算式で求める。実地棚卸数量とは，実地調査により確定した実際に残っている棚卸資産の数量である。これに対して，帳簿上残っている棚卸資産の数量を帳簿棚卸数量という。

　　棚卸資産評価損＝（取得原価－正味売却価額）×期末実地棚卸数量

例題３－２

次の資料に基づいて，貸借対照表と損益計算書を作成しなさい。

① 期首商品棚卸高は170千円，当期商品仕入高は530千円である。

② 期末商品の帳簿棚卸数量と実地棚卸数量は10個である。

③ 期末商品の単価は，原価が@13千円，正味売却価額が@10千円である。

第3章 貸借対照表(1)：資産　41

┌─ 解　答 ─┐

貸借対照表（単位：千円）

（資産の部）	
商　　品	100

損益計算書（単位：千円）

売上原価
期首商品棚卸高	170	
当期商品仕入高	530	
合　　計	700	
期末商品棚卸高	130	
棚卸資産評価損	30	600

貸借対照表の商品の金額：10個×@10千円＝100千円

損益計算書の期末商品棚卸高：10個×@13千円＝130千円

棚卸資産評価損：（@13千円－@10千円）×10個＝30千円

売上原価：170千円＋530千円－130千円＋30千円＝600千円

6　有形固定資産

6.1　有形固定資産の意義

　有形固定資産とは，企業が営業活動において長期的に使用するために保有する具体的な形態をもつ資産である。有形固定資産の具体例としては，建物，備品，車両運搬具，土地などがある。

6.2　減価償却

（1）　減価償却の意義

　有形固定資産は，一般的に土地を除いて，使用や時の経過によりその価値が徐々に低下する（これを減価という）。**減価償却**とは，このような減価を認識するとともに，有形固定資産の取得原価を各期に**減価償却費**として配分することである（**図表3−15**）。

[図表3-15] 減価償却

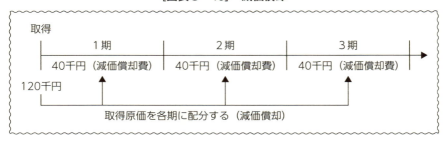

減価償却費の計算には,次の3つの要素が必要である。
① 取得原価……購入によって取得した場合は,購入代金に付随費用(引取運賃,買入手数料,据付費など)を加算した金額
② 耐用年数……有形固定資産の使用可能な年数
③ 残存価額……耐用年数終了後に残存している価値(通常はゼロとする)

(2) 減価償却費の計算方法
減価償却費の計算方法には,次のようなものがある。
① **定額法**
定額法とは,資産の耐用年数にわたり,毎期一定額の減価償却費を計算する方法である。定額法では,減価償却費は次の算式で求める。

　　減価償却費=(取得原価-残存価額)÷耐用年数

② **定率法**
定率法とは,有形固定資産の未償却残高(=取得原価-減価償却累計額)に償却率を乗じて,減価償却費を計算する方法である。減価償却累計額は,これまでの減価償却費の合計額である。定率法では,減価償却費は次の算式で求める。

　　減価償却費=未償却残高×償却率
　　　　　　=(取得原価-減価償却累計額)×償却率

第3章　貸借対照表(1)：資産　43

例題3-3

次の有形固定資産の減価償却費を求めなさい。
①　機械（取得原価1,000千円，耐用年数10年，残存価額ゼロ）について，定額法で減価償却を行う。
②　備品（取得原価100千円，減価償却累計額20千円，償却率20％）について，定率法で減価償却を行う。

解答

①　100千円（＝1,000千円÷10年）
②　16千円（＝（100千円－20千円）×20％）

6.3　有形固定資産の表示方法

貸借対照表における有形固定資産の表示方法には，次のようなものがある。
①　その有形固定資産が属する科目ごとに控除する形式で表示する方法（原則）
②　2つ以上の科目について，減価償却累計額を一括して表示する方法
③　減価償却累計額を控除した残額のみを記載し，減価償却累計額を注記する方法

たとえば，建物（取得原価1,000千円，減価償却累計額200千円）と備品（取得原価600千円，減価償却累計額150千円）がある場合，それぞれ次のように表示される。取得原価から減価償却累計額を控除した金額を**帳簿価額**という。

【表示例①】
貸借対照表（単位：千円）

（資産の部）		
有形固定資産		
建　　物	1,000	
減価償却累計額	△200	800
備　　品	600	
減価償却累計額	△150	450
有形固定資産合計		1,250

【表示例②】
貸借対照表（単位：千円）

（資産の部）	
有形固定資産	
建　　物	1,000
備　　品	600
減価償却累計額	△350
有形固定資産合計	1,250

【表示例③】

貸借対照表（単位：千円）

（資産の部）	
有形固定資産	
建　　　物	800
備　　　品	450
有形固定資産合計	1,250^(注)

（注）減価償却累計額　350千円

7 無形固定資産

7.1　無形固定資産の意義と会計処理

　無形固定資産とは，企業が営業活動において長期的に使用するために保有する具体的な形態をもたない資産である。

　無形固定資産の取得原価は，一部の無形固定資産を除いて，償却という手続きにより各期間に配分される。無形固定資産の具体例と償却方法は，以下に示すとおりである。無形固定資産の償却額は，費用として処理される。

（1）　ソフトウェア

　ソフトウェアとは，コンピュータ（パソコンやスマートフォン）を動かすためのプログラムである。ソフトウェア製作費のうち，研究開発に該当せず，かつ一定の要件を満たすものが無形固定資産に計上される。一方，ソフトウェア製作費のうち研究開発に該当する部分は研究開発費として，発生した期の費用として処理される。無形固定資産に計上されたソフトウェアについては，そのソフトウェアの性質に応じて，定額法や見込販売数量に基づく償却方法で償却する。

（2）　のれん

　企業は，買収や合併により，他の企業を取得することがある。買収や合併によって，2つ以上の企業が1つの報告企業に統合することを**企業結合**という。

企業結合は，通常，取得企業（取得する側の企業）が被取得企業（取得される側の企業）の資産と負債を受け入れ，被取得企業の株主に取得の対価（現金や取得企業の株式）を支払うことによって行われる。

取得企業は企業結合によって被取得企業との間にシナジー効果（相乗効果）が生じると期待しているため，被取得企業から受け入れた資産と負債の差額である純資産額を上回る対価を交付することがある。この場合，その差額である**のれん**が生じる。

のれん＝交付した対価－承継した純資産額

たとえば，280千円の現金を交付して，X社（資産額500千円，負債額300千円）を買収したとする。X社の純資産額は200千円（＝500千円－300千円）なので，のれんが80千円（＝交付対価280千円－純資産額200千円）生じる。

のれんは，20年以内のその効果が及ぶ期間にわたって，定額法その他の合理的な方法で規則的に償却する。

（3）　法律上の権利

法律上の権利には，特許権や商標権などがある。**特許権**は，特許を認められた発明を一定期間にわたり独占的に使用できる権利である。**商標権**は，ある商品やサービスを他のものと区別するために，名称や図形などを一定期間にわたり独占的に使用できる権利である。

多くの法律上の権利は，残存価額ゼロの定額法で，各法律が定めている有効期間か法人税法上の償却期間にわたって償却する。

7.2　無形固定資産の表示方法

貸借対照表では，無形固定資産は取得原価から償却累計額を控除した残額のみが表示される。たとえば，期首にソフトウェア（取得原価6,000千円，耐用年数5年）を取得し，決算で1年分を償却したとする。この場合，1年分の償却額は1,200千円（＝6,000千円÷5年）なので，貸借対照表と損益計算書には次のように計上される。

貸借対照表（単位：千円）	損益計算書（単位：千円）
（資産の部） 無形固定資産 　ソフトウェア　　　　　4,800	販売費及び一般管理費 　ソフトウェア償却費　　　1,200

8　投資その他の資産

投資その他の資産とは，有形固定資産および無形固定資産以外の固定資産であり，その具体例は**図表3−16**に示すとおりである。

[図表3−16]　投資その他の資産の具体例

科　　目	内　　容
投資有価証券	長期保有目的の株式など（売買目的有価証券および決算日の翌日から1年以内に満期が到来する債券以外の有価証券）
長期貸付金	金銭の貸付けから生じた債権のうち，満期日が決算日の翌日から1年を超えるもの
賃貸等不動産	賃貸収益や時価の変動による利益の獲得を目的として保有する不動産（下記のColumn 9を参照）
差入保証金（敷金）	建物や土地などの賃借にあたり，貸主に預ける金銭のうち契約終了後に返還されるもの

Column 9■賃貸等不動産の時価情報の開示

　賃貸等不動産とは，棚卸資産に分類されている以外のもので，賃貸収益やキャピタル・ゲインの獲得を目的として保有されている不動産である（一定の不動産を除く）。具体的には，次のような不動産は賃貸等不動産に該当する。
　①　投資の目的で所有する土地，建物
　②　将来の使用が見込まれていない遊休不動産
　③　上記以外で賃貸されている不動産
　賃貸等不動産については，期末の時価情報などを開示しなければならない。

第3章　貸借対照表(1)：資産　47

●　　　　●　　　　●

■**練習問題1**（「1. 資産の分類」,「2. 資産の評価基準」の問題）

(1)　次の文章が正しければ○，誤りであれば×としなさい。

　　1．貸借対照表では，資産は，流動資産，固定資産および繰延資産の3つに区分して表示される。

　　2．資産を流動資産と固定資産に分類する際は，まず1年基準を適用し，次に正常営業循環基準を適用する。

　　3．不動産業に属する企業が販売用で所有する土地は，固定資産に分類される。

(2)　次の資産を流動資産または固定資産に分類し，番号で解答しなさい。

　　①建物　　　　②売掛金　　　③商品及び製品　　④投資有価証券

　　⑤受取手形　　⑥土地　　　　⑦未収入金　　　　⑧機械装置

　　流動資産（　　　　　　　　　　）

　　固定資産（　　　　　　　　　　）

➡ **解答は188ページ**

■**練習問題2**（「3. 債権」の問題）

次の文章の（　）に入る適切な語句を答えなさい。

　　1．債権は，取得価額から（①）を控除した金額で貸借対照表に計上される。

　　2．債権は，（②）債権，貸倒（③）債権，破産更生債権等の3つに区分される。

➡ **解答は188ページ**

■**練習問題3**（「4. 有価証券」の問題）

次の文章の（　）に入る適切な語句または金額を答えなさい。

　　1．売買目的有価証券とその他有価証券は（①）で貸借対照表に計上する。

　　2．満期保有目的の債券は（②）で貸借対照表に計上するが，②と額面金額との差額が金利の調整と認められる場合は，（③）法を適用する。

　　3．当社は，A社株式とB社株式をその他有価証券として保有しており，その保有状況は以下のとおりである。全部純資産直入法を採用している場合，貸借対照表に計上されるその他有価証券評価差額金の金額は（④）円である（税効果会計は考慮しない）。

	A社株式	B社株式
保有株式数	300株	300株
取得価額	@800円	@1,000円
期末時価	@850円	@980円

➡ 解答は188ページ

■**練習問題4**（「5．棚卸資産」の問題）

(1) 以下の資料に基づいて，先入先出法と総平均法を適用した場合，（　）に入る金額を答えなさい。

4／1	前期繰越	50個（@200円）
5／8	仕　入	100個（@260円）
7／12	売　上	75個（@320円）
9／21	仕　入	150個（@210円）
11／16	売　上	125個（@360円）

	期末商品棚卸高	売上原価
先入先出法	（　①　）円	（　③　）円
総平均法	（　②　）円	（　④　）円

(2) 以下の資料に基づいて，貸借対照表と損益計算書を作成した場合，（　）に入る金額を答えなさい。

1．期末商品の実地棚卸数量は25個である（帳簿棚卸数量も25個である）。

2．期末商品の単価は，取得原価が@6千円，正味売却価額が@5千円である。

貸借対照表（単位：千円）

（資産の部）	
流動資産	
商　品	（　①　）

損益計算書（単位：千円）

売上高		1,000
売上原価		
期首商品棚卸高	130	
当期商品仕入高	480	
合　計	610	
期末商品棚卸高	（　②　）	
棚卸資産評価損	（　③　）	（　④　）
売上総利益		（　⑤　）

➡ 解答は188ページ

第3章　貸借対照表(1)：資産　49

■**練習問題5**（「6．有形固定資産」，「7．無形固定資産」の問題）

(1)　次の文章が正しければ○，誤りであれば×としなさい。

1．資産の取得原価には，その資産を取得するのに要した付随費用は含めない。

2．減価償却の定額法は，毎期一定額の減価償却費を計上する方法である。

3．正当な理由があれば，減価償却方法を定率法から定額法に変更することは認められる。

4．貸借対照表における有形固定資産の表示方法としては，取得原価から減価償却累計額を控除して表示する方法と，減価償却累計額を控除した残額のみを記載し，減価償却累計額を注記する方法がある。

5．のれんは，有形固定資産である。

6．無形固定資産は，償却しない。

7．貸借対照表では，無形固定資産は，取得原価から償却累計額を控除した残額のみが表示される。

(2)　次の文章の（　）に入る金額を答えなさい。

1．建物（取得原価6,000千円，残存価額ゼロ，耐用年数20年）について，定額法で減価償却した場合の減価償却費は（①）千円である。

2．機械（取得原価3,000千円，減価償却累計額1,080千円，償却率20％）について，定率法で減価償却した場合の減価償却費は（②）千円である。

3．520千円の現金を交付して，Ｙ社（資産額800千円，負債額450千円）を買収した場合に生じるのれんは（③）千円である

➡ **解答は189ページ**

第4章

貸借対照表(2)：負債

学習のポイント
負債の区分表示／負債の具体例／負債の評価基準／引当金

1 負債の分類

1.1 負債の意義と区分表示

　負債とは，将来，企業の資産を犠牲にしなければならない債務である。負債は，**流動負債**と**固定負債**に分類され，貸借対照表ではこれら2つに区分して表示される。

　負債を流動負債と固定負債に分類する際は，資産と同様に，正常営業循環基準と1年基準を適用する。つまり，企業の営業循環の過程内にある負債を流動負債とし，その他の負債については，その履行日が決算日の翌日から起算して1年以内に到来するものは流動負債，1年を超えるものは固定負債とする（**図表4-1**）。

[図表4-1]　負債の分類方法

1.2 流動負債と固定負債

流動負債と固定負債の具体例を示すと，**図表4－2**と**図表4－3**のようになる。

[図表4－2] 流動負債の具体例

科　目	内　　容
支 払 手 形	手形（定められた期日に額面金額の決済を約束する証券）の振出しから生じた債務
買　掛　金	商品などの掛仕入（代金を後日支払う約束での商品仕入）から生じた債務
短 期 借 入 金	金銭の借入れから生じた債務のうち，返済期日が決算日の翌日から1年以内のもの
未　払　金	企業の主たる営業活動以外の取引から生じた債務
未 払 費 用	一定の契約に従い，役務（サービス）の提供を継続的に受ける場合において，すでに提供を受けた役務に対して，いまだ対価の支払いが行われていないもの（未払利息など）
前 受 収 益	一定の契約に従い，役務（サービス）の提供を継続的に行う場合において，未提供の役務に対して，すでに対価を受け取ったもの（前受家賃など）
賞 与 引 当 金	従業員に将来支払う賞与の支給見込額を計上した引当金

[図表4－3] 固定負債の例

科　目	内　　容
長 期 借 入 金	金銭の借入れから生じた債務のうち，返済期日が決算日の翌日から1年を超えるもの
社　　　債	社債の発行から生じた債務
繰 延 税 金 負 債	第9章を参照
資 産 除 去 債 務	第11章を参照
退 職 給 付 引 当 金	第11章を参照

以下では，社債について説明する。社債は，資金調達のために発行される証券である（**図表4－4**）。発行者にとって，社債は負債である。なお，社債の保有者については，第3章第4節「有価証券」で説明している。

[図表4-4] 社債の発行と償還

Column10■借入金や社債の表示方法

借入金や社債は，その返済期日や満期日が決算日の翌日から1年以内に到来するかどうかにより，流動負債または固定負債に区分表示される。たとえば，企業に次の2つの借入金がある場合，当期末の貸借対照表では，以下のように表示される。
① 決算日の翌日から半年後に返済する予定の借入金500千円（A借入金とする）
② 決算日の翌日から今後3年間，毎期末に100千円ずつ返済する予定の借入金300千円（B借入金とする）

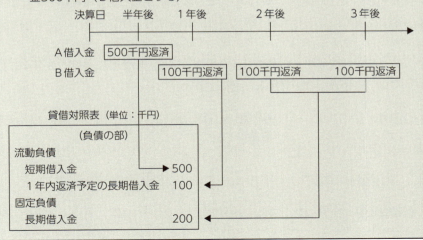

社債を発行した企業は，**利払日**（利息の支払日で，通常は年2回ある）に社債の保有者に対して利息を支払う。たとえば，X1年4月1日に，企業が社債（額面100千円，利率年2％，期間2年，利払日は毎年9月と3月の各末日）を発行したとする。利払日に支払う利息は1千円（＝100千円×2％×$\frac{6か月}{12か月}$）なので，この企業の資金の動きは**図表4－5**のようになる。

[図表4－5] 社債発行企業の資金の動き

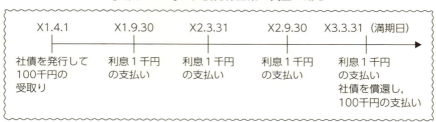

2 負債の評価

支払手形，買掛金，借入金，社債などの契約によって支払う金額が確定している金銭債務については，債務額で貸借対照表に計上する。債務額とは，将来の支払いを約束した金額である。ただし，社債を額面と異なる価額で発行した場合など，受取金額と債務額が異なるときは，償却原価法を適用した金額で貸借対照表に計上する（Column11を参照）。

一方，以下で説明する各種の引当金や第11章で説明する資産除去債務などについては，見積額で貸借対照表に計上する。

3 引当金

3.1 引当金の本質

引当金とは，将来の費用または損失のうち，当期の負担に属する金額を当期の費用または損失として計上する際に生じる項目である（**図表4－6**）。費用と

損失の違いについては，第6章74ページのColumn13で説明している。

[図表4-6] 将来の費用または損失と引当金の関係

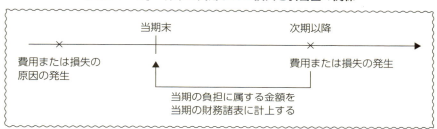

Column11■社債の発行方法と償却原価法(定額法)による社債の償却

社債の発行方法には次の3つがある。
① 平価発行……額面金額で発行する（例：額面100円の社債を100円で発行する）。
② 割引発行：額面金額より低い価額で発行する（例：額面100円の社債を97円で発行する）。
③ 打歩発行：額面金額より高い価額で発行する（例：額面100円の社債を102円で発行する）。

社債を割引発行または打部発行した場合は，償却原価法を適用する。ここでは，割引発行した場合を説明する。たとえば，期首（X1年4月1日）に額面金額500千円，償還期間3年間の社債を470千円で発行し，期末（X2年3月31日）において，この社債に償却原価法（定額法）を適用したとする。この場合，発行価額470千円と額面金額500千円の差額30千円を，3年間にわたり毎期10千円ずつ帳簿価額に加算する。その結果，毎期末の社債の帳簿価額は，次の図のように増加していく。

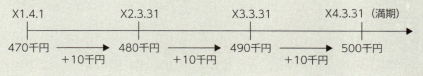

3.2 引当金の分類

引当金は，資産から控除する**評価性引当金**と，負債の部に計上される**負債性引当金**に分類される（**図表４－７**）。負債性引当金については，その引当金で設定された事象が生じるまでの期間が決算日の翌日から１年以内であれば流動負債に，１年超であれば固定負債に分類される。

［図表４－７］ 引当金の分類

分 類	具体例	内 容
評価性引当金	貸倒引当金	将来の債権の貸倒れに対して設定される引当金
負債性引当金	賞与引当金	従業員に将来支払う賞与に対して設定される引当金
	商品（製品）保証引当金	販売した商品（製品）について，将来の修理などの保証（合意された仕様に基づく保証）に対して設定される引当金（第６章82ページも参照）

3.3 引当金の目的

引当金を計上する目的には，次のことがある。

① 当期の収益に対応する費用を計上することによって，適正な期間損益計算を行う。

Column12■偶発債務

偶発債務とは，将来企業の債務となる可能性があるもののうち，引当金の設定要件である「費用または損失の発生の可能性が高いこと」，または「費用または損失の金額を合理的に見積もることができること」を満たさないため，引当金として設定することができないものである。偶発債務の例としては，債務の保証や係争事件に係わる賠償義務（現実に発生していないもの）などがある。

偶発債務については，その内容を注記しなければならない。なお，偶発債務でも，「費用または損失の発生の可能性が高くなり」，かつ，「費用または損失の金額を合理的に見積もることができる」ようになったら，引当金の設定要件を満たすため，引当金を設定する必要がある。

② 評価性引当金の場合は，企業が所有する資産の適切な価額を認識する。

③ 負債性引当金の場合は，企業が将来に負っている債務を負債として認識する。

3.4 引当金設定の要件

引当金は，以下に掲げる4つの要件をすべて満たした場合に計上される。引当金設定の要件と商品保証引当金がこれらの要件を満たしているかを対比させたものが**図表4－8**である。

[図表4－8] 引当金設定の要件と商品保証引当金

引当金の設定要件	商品保証引当金の場合
① 将来の特定の費用または損失に関するものであること	「商品の修理または交換」という将来の特定の費用に関している。
② その費用または損失の発生原因が当期以前の事象に起因していること	「商品の修理または交換」の原因は，当期以前の販売に起因している。
③ その費用または損失の発生の可能性が高いこと	「商品の修理または交換」は，一定確率で発生する。
④ その費用または損失の金額を合理的に見積もることができること	「商品の修理または交換」の金額は，過去の経験から合理的に見積もることができる。

●   ●   ●

■**練習問題1**（「1．負債の分類」，「2．負債の評価」の問題）

次の各文章が正しければ○，誤りであれば×としなさい。

1．貸借対照表では，負債は，流動負債，固定負債および繰延負債の3つに区分して表示される。

2．満期日が5年後の借入金があった場合，決算日の翌日から1年以内に支払期日が到来する分は流動負債に表示される。

3．支払手形，買掛金，借入金は，時価で貸借対照表に計上する。

➡ 解答は190ページ

58

■練習問題2 （「3．引当金」の問題）

次の文章の（　）に入る適切な語句を答えなさい。

1．引当金は，資産から控除する（①）性引当金と，負債の部に計上される（②）
性引当金に大別される。

2．引当金の設定要件は，次のとおりである。

・（③）の特定の費用または損失に関するものであること

・その費用または損失の発生原因が，（④）の事象に起因していること

・その費用または損失の発生の可能性が高いこと

・その費用または損失の金額を（⑤）的に見積もることができること

➡ **解答は190ページ**

第5章

貸借対照表(3)：純資産

学習のポイント
純資産の区分表示／純資産の具体例／株主資本／株主資本等変動計算書

1 純資産の意義と区分表示

純資産とは，資産と負債の差額である。貸借対照表の純資産の部は，株主に帰属する**株主資本**と株主資本以外の各項目に区分されている。個別貸借対照表の純資産の区分は，**図表5－1**に示すとおりである。連結貸借対照表の純資産の区分については，第10章で説明している。

[図表5－1]　個別貸借対照表における純資産の区分

```
（純資産の部）
株主資本
評価・換算差額等
株式引受権
新株予約権
```

2 株主資本

2.1　株主資本の区分

株主資本は，株主の出資である**払込資本**と，企業がこれまでに獲得した利益

のうち株主に分配されずに企業内に留保された**留保利益**に区分される（図表5
－2）。払込資本には資本金と資本剰余金があり，留保利益には利益剰余金が
ある。

[図表5－2] 株主資本の区分

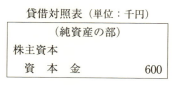

2.2 資本金

株式会社が株式を発行した場合，原則として株主からの払込金額の全額を資本金に計上しなければならない。たとえば，株式300株を1株当たり2千円で発行した場合は，原則として資本金が600千円になるので，貸借対照表には次のように計上される。

貸借対照表（単位：千円）

（純資産の部）	
株主資本	
資 本 金	600

2.3 資本剰余金

(1) 資本準備金

資本準備金とは，株主からの払込金額のうち資本金以外の部分である。すでに説明したように，株式会社が株式を発行した場合，原則として払込金額の全額を資本金に計上しなければならないが，払込金額のうち2分の1までは資本金としないことができる。払込金額のうち資本金としなかった部分は，資本準備金として貸借対照表に計上される。たとえば，株式300株を1株当たり2千円で発行し，会社法で認められている最低額を資本金とした場合，資本金が

300千円，資本準備金が300千円になるので，貸借対照表には次のように計上される。

```
        貸借対照表（単位：千円）
        （純資産の部）
  株主資本
    資 本 金           300
  資本剰余金
    資本準備金          300
```

(2) その他資本剰余金

その他資本剰余金とは，資本剰余金のうち会社法上の資本準備金以外のものであり，後述する自己株式処分差損益などがある。

2.4 利益剰余金

利益剰余金とは，企業がこれまでに獲得した利益のうち株主に分配されずに企業内に留保されたものである。利益剰余金を分類すると，**図表5-3**のようになる。

[図表5-3] 利益剰余金の分類

(1) 利益準備金

利益準備金は，会社法によって積み立てることが強制されている項目である。企業は，その他利益剰余金から配当する場合，その配当の額の10分の1を利益準備金として，資本準備金と利益準備金の合計額が資本金の4分の1に達する

まで積み立てなければならない。剰余金の配当に際して，会社法が規定する最低積立額は，次のいずれか小さい金額である。

① 資本金×1/4 − (資本準備金＋利益準備金)
② 株主配当金×1/10

　利益準備金や任意積立金を積み立てるとは，その金額だけ財産 (ある特定の財産ではなくて，財産額という意味である) を企業内に留保することを意味する。

　利益準備金は配当不能なので，強制的に積み立てさせることにより，その分配当されずに財産が企業内に残るため，財政的に安全性をもたせる効果がある。

　なお，その他資本剰余金からの配当については，説明を省略する。

（2） 任意積立金

任意積立金は，経営上の必要性に基づいて積み立てられた項目である。

（3） 繰越利益剰余金

繰越利益剰余金はその他利益剰余金のうち任意積立金以外であり，留保された利益のうち次期に繰り越された分である。

3 自己株式

3.1 自己株式の保有

　企業が発行した株式のうち，その企業自身で保有している株式を**自己株式**という。自己株式の取得は，株式発行からの一連の流れでみると，事実上は株主資本の払戻しである。

　自己株式は，貸借対照表では株主資本の控除項目として取得原価で表示される。したがって，自己株式を取得すると株主資本合計がその分減少する。たとえば，自己株式を10千円で取得した場合，貸借対照表には次のように計上される (他の数値は仮の数値である)。

第 5 章　貸借対照表(3)：純資産　*63*

貸借対照表（単位：千円）

(純資産の部)	
株主資本	
資本金	300
資本剰余金	180
利益剰余金	110
自己株式	△10
株主資本合計	580

3.2　自己株式の処分

　企業は，自己株式を売却するなどして，処分することができる。自己株式を処分した場合は，処分の対価と自己株式の帳簿価額との差額を自己株式処分差額とする。

　　処分の対価－帳簿価額＝自己株式処分差額

　自己株式処分差額がプラスの場合は，**自己株式処分差益**としてその他資本剰余金に計上する。たとえば，3.1の自己株式を13千円で処分したとすると，貸借対照表には次のように計上される（資本剰余金は，すべてその他資本剰余金とする）。

【処分前】
貸借対照表（単位：千円）

(純資産の部)	
株主資本	
資本金	300
その他資本剰余金	180
利益剰余金	110
自己株式	△10
株主資本合計	580

自己株式を
13千円で処分 →

【処分後】
貸借対照表（単位：千円）

(純資産の部)	
株主資本	
資本金	300
その他資本剰余金	183
利益剰余金	110
株主資本合計	593

自己株式10千円が減少し，自己株式処分差益3千円がその他資本剰余金に計上される。

　逆に，自己株式処分差額がマイナスの場合は，**自己株式処分差損**としてその

他資本剰余金から控除する。たとえば，3.1の自己株式を6千円で処分したとすると，貸借対照表には次のように計上される（資本剰余金は，すべてその他資本剰余金とする）。

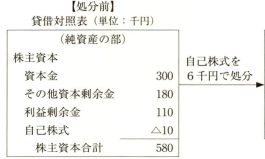

3.3 自己株式の消却

企業は，取締役会の決議などにより，保有する自己株式を消却すること（無効にすること）ができる。自己株式を消却した場合は，自己株式の帳簿価額をその他資本剰余金から減額する。たとえば，3.1の自己株式を消却したとすると，貸借対照表には次のように計上される。

第5章　貸借対照表(3)：純資産　65

4　評価・換算差額等（その他の包括利益累計額）

評価・換算差額等とは，ある資産や負債について時価評価が行われた場合におけるその取得原価と時価との差額である。個別貸借対照表の評価・換算差額等に計上されるものには，その他有価証券評価差額金（第3章を参照）などがある。連結貸借対照表では，評価・換算差額等は**その他の包括利益累計額**と表示され，為替換算調整勘定なども含まれる（第8章を参照）。

5　株式引受権

株式引受権とは，取締役または執行役がその職務の執行として株式会社に対して提供した役務の対価として，その株式会社の株式の交付を受けることができる権利（ただし，新株予約権を除く）である。この無償交付する取引のうち，株式の発行について一定の勤務期間などの権利確定条件が付いており，権利確定条件が達成された場合に株式の発行等が行われるもの（事後交付型という）については，権利の保有者は権利確定前は株主ではない。したがって，株式の発行が行われるまでの間，企業が取締役等から取得するサービスを費用計上するとともに，それに対応する金額を株主資本とは別の区分に株式引受権として表示する。

6　新株予約権

6.1　新株予約権

新株予約権とは，その保有者が会社に対して行使することにより，あらかじめ定められた価格（権利行使価格）で，その会社の株式の交付を受けることができる権利である。

新株予約権は，発行会社からみると，商品やサービスの提供といった何らかの義務を負わないので，負債としての性格はない。また，新株予約権の保有者

は現在の株主ではないから,新株予約権は株主資本に含めることができない。そのため,新株予約権は純資産に含めるが,株主資本には含めない形で表示される。たとえば,新株予約権30個(1個当たり1株を権利行使価格10千円で交付する)を1個当たり2千円で発行した場合,貸借対照表には次のように計上される。

新株予約権の権利行使を受けて株式を交付した場合,増加する資本金と資本準備金の合計額は,交付した株式に対する払込金と権利行使された新株予約権の帳簿価額の合計額である。たとえば,上記の新株予約権のうち10個が権利行使されたので株式10株を交付し,払込金額の全額を資本金としたとする。この場合,払込金は100千円(=10個×@10千円),権利行使された新株予約権の帳簿価額は20千円(=10個×@2千円)になる。したがって,資本金はこれらの合計の120千円になり,貸借対照表には次のように計上される。

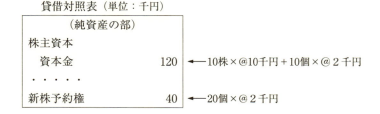

6.2 ストック・オプション

ストック・オプションとは,企業が従業員などに報酬として与えたその企業の新株予約権である。従業員などは,新株予約権を行使すると,権利行使価格で自社株式を購入できる。

従業員などは,企業の業績が向上して自社株式の時価が権利行使価格より高くなったときに権利を行使すれば,権利行使価格で取得した株式を時価で売却することにより,売却益を得ることができる。たとえば,自社株式の時価が

450千円，新株予約権の権利行使価格が300千円とする。この場合，従業員など
は，権利行使して300千円を支払って株式の交付を受け，これを時価で売却す
れば150千円（＝450千円－300千円）の売却益を得ることができる。このため，
ストック・オプションは，従業員などのモチベーションを上げるための手段と
して用いられることが多い。

　ストック・オプションは，従業員などの労働に対する報酬である。ストッ
ク・オプションを付与したときは，ストック・オプションの公正な評価額を算
定し，そのうち当期に発生したと認められる額を**株式報酬費用**として費用計上
するとともに，同額の新株予約権を計上する。

　たとえば，X1年7月1日（権利付与日）に，従業員100人に対して次のストッ
ク・オプションを付与したとする。

　①　ストック・オプションの数：従業員1人当たり3個（合計300個）

　②　権利確定日：X2年6月30日

　③　権利行使価格：1個当たり14千円

　④　付与日におけるストック・オプションの公正な評価額：1個当たり2千
　　　円

　X2年3月31日（決算日）において，ストック・オプションに係る当期の費用
は，$100人 \times 3個 \times @2千円 \times \dfrac{9か月（7月～3月）}{12か月} = 450千円$と算定されるの
で，株式報酬費用と新株予約権が450千円計上される。

　X2年6月30日（権利確定日）において，ストック・オプションに係る当期の
費用は，$100人 \times 3個 \times @2千円 \times \dfrac{3か月（4月～6月）}{12か月} = 150千円$と算定され
るので，株式報酬費用と新株予約権が150千円計上される。

　その後，権利行使が行われた場合は，新株予約権が権利行使された場合と同
様の会計処理を行う。

7 株主資本等変動計算書

7.1 株主資本等変動計算書

株主資本等変動計算書とは，1会計期間における純資産の各項目（主として株主資本）の変動要因を示す書類である。会社法において，株式会社は，株主総会または取締役会の決議により，剰余金の配当をいつでも決定でき，また株主資本の計数をいつでも変動させることができることとされた。この結果，純資産項目の変動要因が増加し，貸借対照表と損益計算書だけでは，純資産項目の数値の連続性を把握することが困難になった。このような状況を解消し，純資産項目の変動内容を把握するために，株主資本等変動計算書が必要とされるようになったのである。

7.2 株主資本の変動要因

株主資本の各項目は，当期首残高，当期変動額および当期末残高に区分し，当期変動額は変動要因ごとにその金額を表示する。株主資本の変動要因には，次のようなものがある。

（1） 新株の発行（増資）

新たに株式を発行して増資をすると，資本金や資本準備金が増加する。

（2） 剰余金の配当

その他利益剰余金を原資として剰余金の配当を行った場合，配当額と利益準備金の積立額の合計分その他利益剰余金が減少し，積み立てた分の利益準備金が増加する。

（3） 当期純損益の計上

当期純利益が計上された場合は，繰越利益剰余金の増加を通じて株主資本が増加する。逆に，当期純損失が計上された場合は，繰越利益剰余金の減少を通

第5章　貸借対照表(3)：純資産　*69*

じて株主資本が減少する。

例題5-1

以下の資料に基づいて，株主資本等変動計算書の株主資本の部を作成しなさい。

① 　当期首の残高は，資本金1,000千円，資本準備金150千円，その他資本剰余金20千円，利益準備金50千円，任意積立金10千円，繰越利益剰余金200千円である。

② 　当期に新株を発行して100千円の増資を行い，このうち50千円を資本金，50千円を資本準備金とした。

③ 　当期に繰越利益剰余金を原資として80千円の配当を行い，利益準備金8千円を積み立てた。

④ 　決算において，当期純利益150千円を計上した。

解　答

わかりやすくするために，○番号との対応を示している。③の繰越利益剰余金の減少額は，配当額80千円と利益準備金の積立額8千円の合計88千円である。

株主資本等変動計算書（単位：千円）

	株主資本								
		資本剰余金			利益剰余金				
						その他利益剰余金			
	資本金	資本準備金	その他資本剰余金	資本剰余金合計	利益準備金	任意積立金	繰越利益剰余金	利益剰余金合計	株主資本合計
当期首残高	1,000	150	20	170	50	10	200	260	1,430
当期変動額									
新株の発行	②50	②50		50					②100
剰余金の配当					③8		③△88	△80	③△80
当期純利益							④150	150	④150
当期変動額合計	50	50		50	8		62	70	170
当期末残高	1,050	200	20	220	58	10	262	330	1,600

7.3　3つの財務諸表の連携

損益計算書，貸借対照表および株主資本等変動計算書の3つの財務諸表の連携を簡単に示すと，**図表5-4**のようになる。

[図表5-4] 3つの財務諸表の連携

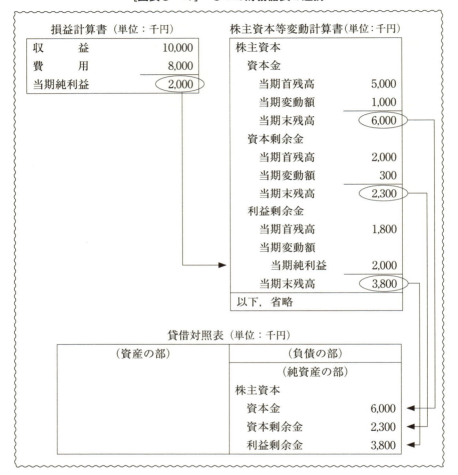

第５章　貸借対照表(3)：純資産　71

● 　　　　● 　　　　●

■**練習問題１**（「２．株主資本」の問題）

次の文章の（　）に入る適切な語句または金額を答えなさい。

1. 株主資本は，株主の出資である（①）と，企業がこれまでに獲得した利益のうち企業内に留保された（②）に区分される。

2. 株式40株を１株当たり３千円で発行した場合において，原則処理をしたときは，資本金が（③）千円増加する。一方，会社法で認められている最大額を資本金としないときは，資本金が（④）千円，資本準備金が（⑤）千円増加する。

3. 利益剰余金のうち会社法によって積み立てることが強制されている項目は（⑥），経営上の必要性に基づいて積み立てられる項目は（⑦）である。

4. 株主総会において，繰越利益剰余金を財源として150千円の剰余金の配当をすることが決議された。株主総会時における資本金は500千円，資本準備金は60千円，利益準備金は40千円であった。会社法が規定する最低額を利益準備金として積み立てると，積み立てる利益準備金の額は（⑧）千円になる。

➡ 解答は190ページ

■**練習問題２**（「３．自己株式」，「５．株式引受権」，「６．新株予約権」の問題）

(1) 次の文章が正しければ○，誤りであれば×としなさい。

1. 自己株式は，貸借対照表では株主資本の控除項目として期末の時価で表示される。

2. 自己株式処分差益は，資本準備金に計上される。

3. 株式引受権は株主資本に含めて表示するが，新株予約権は株主資本に含めずに表示する。

(2) 次に示す各項目の金額に基づいて，貸借対照表の「株主資本合計」を求めなさい。

資本金	1,200千円	利益準備金	150千円
繰越利益剰余金	900千円	自己株式	400千円
評価・換算差額等	200千円	新株予約権	180千円

➡ 解答は190ページ

_72_

■**練習問題3**（「7．株主資本等変動計算書」の問題）

　以下の資料に基づいて，株主資本等変動計算書の株主資本の部を作成しなさい。金額が減少する場合には，金額の頭に△を付すこと。当期首残高は，記載されているとおりである。

① 　当期に新株を発行して300千円の増資を行い，払込金額のうち会社法が規定する最低額を資本金とした。

② 　当期に繰越利益剰余金を原資として100千円の配当を行い，利益準備金10千円を積み立てた。

③ 　決算において，当期純利益400千円を計上した。

株主資本等変動計算書（単位：千円）

	株主資本								
	資本金	資本剰余金			利益剰余金			利益剰余金合計	株主資本合計
		資本準備金	その他資本剰余金	資本剰余金合計	利益準備金	その他利益剰余金			
						任意積立金	繰越利益剰余金		
当期首残高	1,700	800	300	1,100	200	100	500	800	3,600
当期変動額									
新株の発行									
剰余金の配当									
当期純利益									
当期変動額合計									
当期末残高									

➡ **解答は191ページ**

第6章

損益計算書

学習のポイント

収益と費用の分類／損益計算書の様式／収益
と費用の認識基準

1 損益計算書

損益計算書（Profit and Loss Statement：P/L）とは，企業の経営成績を示す
書類である。具体的には，1会計期間に属する収益と費用が表示され，収益合
計から費用合計を差し引いて当期純利益が算出される。

1.1 収益と費用の意義

収益とは，株主との取引以外の取引から生じた，一定期間における企業活動
から得られた成果であり，資産の増加または負債の減少をもたらすものである。

費用とは，株主との取引以外の取引から生じた，一定期間における企業活動
の成果を獲得するための犠牲であり，資産の減少または負債の増加をもたらす
ものである。

1.2 収益と費用の分類

収益と費用には多くの種類があり，その発生原因別に分類されている。その
分類を示すと，**図表6－1**のようになる。

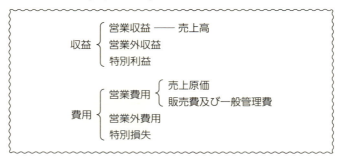

[図表6-1] 収益と費用の分類

1.3 損益計算書の様式

損益計算書では，原則として収益と費用は相殺してはならず，総額で表示する**総額主義の原則**に基づく。したがって，たとえば売上高1,000千円と売上原価600千円を相殺して，売上総利益400千円とだけ表示することは認められない。このような相殺表示を行うと，企業の営業活動の規模を知ることができないからである（売上高8,000千円，売上原価7,600千円の場合も売上総利益400千円になる）。

損益計算書（個別）の様式は，**図表6-2**のとおりである（△は金額がマイナスの場合である）。利益を段階的に表示することにより，どこで費用がかかり，どこで利益が出たかを詳しく知ることができる。

Column13■費用と損失の違い		
費用と損失の違いは，次のようになる。		
	意　義	例
費　用	収益（売上）を獲得することに直接関係するもの	給料賞与，広告宣伝費，研究開発費など
損　失	収益（売上）を獲得することに直接関係しないもの	災害損失，減損損失など

第6章　損益計算書　*75*

[図表6-2]　損益計算書（個別）

損益計算書
X1年4月1日〜X2年3月31日

売上高	2,000
売上原価	900
売上総利益（△売上総損失）	1,100
販売費及び一般管理費	700
営業利益（△営業損失）	400
営業外収益	240
営業外費用	160
経常利益（△経常損失）	480
特別利益	120
特別損失	100
税引前当期純利益（△税引前当期純損失）	500
法人税, 住民税及び事業税	200
法人税等調整額	△20
法人税等合計	180
当期純利益	320

2　損益計算書の区分表示

ここでは，**図表6-2**の損益計算書の各項目について説明する。

2.1　売上高

　売上高は，企業の主たる営業活動から生じた営業収益であり，商品・製品の販売やサービスの提供から生じた収益が含まれる。売上高が前期と比べて増加することを**増収**，減少することを**減収**という。

2.2　売上原価

　売上原価は，営業収益（売上高など）の対象となった財やサービスの原価であり，**費用収益対応の原則**に基づいて売上高に直接的に対応する費用として認

識される。費用収益対応の原則とは，企業成果である収益とその収益を獲得するために要した企業努力たる費用とを期間的に対応させる原則であり，適正な期間損益計算を行うために必要とされる。

商品販売業では，売上原価は次の算式で求められる。

売上原価＝期首商品棚卸高＋当期商品仕入高－期末商品棚卸高

期末商品棚卸高は当期中に販売されなかった商品なので，これらの売上原価は当期の売上高に対応しない。一方で，前年度より繰り越されてきた商品は当期の売上高に対応する。したがって，売上原価の計算上，当期商品仕入高に期首商品棚卸高を加算し，期末商品棚卸高を減算する。

「対応」には，**個別的対応**と**期間的対応**がある。個別的対応は，売上高と売上原価のように，収益と費用の対応関係が直接的で明確なものをいう。一方，期間的対応は，直接的かつ明確な対応関係は見出しにくいが，期間をもとにその期間に発生した費用と同じ期間の収益を対応させるものである。期間的対応の例としては，売上高と販売費及び一般管理費の対応などがある。

売上高から売上原価を差し引くと，**売上総利益**（売上総損失）が算出される。売上総利益は，**粗利益**と呼ばれることもある。

売上高－売上原価＝売上総利益

2.3　販売費及び一般管理費

販売費及び一般管理費は，企業の販売活動と一般管理活動に関連する諸費用である。販売費には，発送費や広告宣伝費などが含まれる。一般管理費には，給料手当，減価償却費，保険料，水道光熱費，通信費，貸倒引当金繰入，賞与引当金繰入，租税公課，不動産賃借料など多岐にわたる項目が含まれる。

売上総利益から販売費及び一般管理費を差し引くと，**営業利益**（営業損失）が算出される。営業利益は，企業の主たる営業活動から生じた利益である。

売上総利益－販売費及び一般管理費＝営業利益

2.4 営業外収益と営業外費用

営業外収益は，企業の主たる営業活動以外から生じた収益のうち，経常的に生じるものをいう。営業外収益は主に資金の運用をはじめとする企業の財務活動から生じた収益であり，受取利息，有価証券利息，受取配当金，有価証券評価益，為替差益などが含まれる。

営業外費用は，企業の主たる営業活動以外から生じた費用のうち，経常的に生じるものをいう。営業外費用は主に資金の借入れをはじめとする企業の財務活動から生じた費用であり，支払利息，有価証券評価損，為替差損などが含まれる。

営業利益に営業外収益を加算し，営業外費用を減算すると，**経常利益**（経常損失）が算出される。経常利益は，企業の営業活動と財務活動を合わせた経常的な活動から生じた利益である。

営業利益＋営業外収益－営業外費用＝経常利益

近年では，外国企業との取引や外国における取引の増加に伴い，為替差益や為替差損の金額が多く生じる例もある（Column14を参照）。

2.5 特別利益と特別損失

特別利益は，企業の臨時的な活動や事象から生じた利得であり，固定資産売却益，投資有価証券売却益，投資有価証券評価益，負ののれん発生益などが含まれる。

特別損失は，企業の臨時的な活動や事象から生じた損失であり，固定資産売却損，投資有価証券売却損，投資有価証券評価損，減損損失，災害損失などが含まれる。

特別利益や特別損失を他の収益や費用と区別するのは，これらが毎期経常的に発生せず，企業の正常な収益力を反映したものではないからである。

経常利益に特別利益を加算し，特別損失を減算すると，**税引前当期純利益**（税引前当期純損失）が算出される。税引前当期純利益は，1会計期間における企業活動について，税引前の最終的な成果を示したものである。

経常利益＋特別利益－特別損失＝税引前当期純利益

2.6　法人税，住民税及び事業税

法人税，住民税及び事業税は課税所得に基づいて企業に課された税金であり，法人税等と略される。**法人税等調整額**は，法人税等の金額と税引前当期純利益の金額を対応させる際に生じた調整額である。法人税，住民税及び事業税と法人税等調整額を加減すると**法人税等合計**になる。これらについては，第9章で詳しく説明している。

2.7　当期純利益

税引前当期純利益から法人税等合計を減算すると，**当期純利益**（当期純損失）が算出される。当期純利益は，1会計期間における企業活動について，税引後の最終的な成果を示したものである。

Column14■外貨建取引と為替差損益

　ドル，ユーロなどの日本円以外の外国通貨で行われた取引を**外貨建取引**という。円建て表示の財務諸表の作成にあたっては，外貨建取引を円換算する必要がある。

　外貨建取引は，原則として取引発生日の直物為替相場（取引日レート）により換算する。たとえば，期中に100万ドルを売上げ（**取引日レート**は1ドル130円），決算日において100万ドルの売掛金を有している場合（**決算日レート**は1ドル140円）とする。この場合，取引日において1億3,000万円（＝130円×100万ドル）の売掛金が計上されているが，決算日において1億4,000万円（＝140円×100万ドル）に評価替えする必要がある。これにより，1,000万円の**為替差益**が生じる。逆に，（他の条件は同じで）決算日のレートが1ドル110円となった場合は，2,000万円の**為替差損**が生じる。

　売掛金のみならず買掛金や外貨建の預金など外貨建で保有している資産や負債については，決算日において決算日レートでの評価替えが必要になる。多くの外貨建資産や外貨建負債を有する企業集団にとっては，為替差損益は無視できない金額になっている。

第6章　損益計算書　*79*

税引前当期純利益 − 法人税等合計 = 当期純利益

なお，包括利益については，第8章で説明している。

2.8　1株当たり当期純利益

企業は次の算式で求めた**1株当たり当期純利益**（**EPS**）を開示しなければならない。

$$1株当たり当期純利益 = \frac{普通株式に係る当期純利益}{普通株式の期中平均株式数}$$

1株当たり当期純利益は，投資家の的確な投資判断に資するため，また業績の比較可能性を担保するために開示される指標である。新株の発行などにより発行済株式数が期中で変動することもあるが，詳細な計算は省略する。

3 収益と費用の認識基準

3.1　発生主義

収益と費用の認識は，原則として発生主義により行われる。**発生主義**とは，現金の授受とは無関係に，企業活動によって便益を享受した時点で収益を認識し，便益を消費した時点で費用を認識すべきとする会計原則である。したがって，現金の流入がなくても収益を認識することがあるし，現金の流出がなくても費用を認識することがある。

3.2　顧客との契約に基づく収益の認識

顧客との契約に基づく収益の認識は，次の5つのステップに従って行われる。
① 顧客との契約を識別する。
② 契約における履行義務を識別する。
③ 取引価格を算定する。
④ 契約における履行義務へ取引価格を配分する。

⑤　履行義務の充足に応じて収益を認識する。

以下，設例をもとに説明する。

【設　例】

　当社は，電気製品とそれに関連するメンテナンスなどのサービス（以下，サービスという）を提供する契約を締結し，代金880千円を受け取った。製品とサービスの独立販売価格（それぞれを独立して顧客に販売する場合の価格）はそれぞれ700千円，300千円であった。

　製品はX1年度期首に引き渡し，サービスはX1年度期首から3年間にわたり提供する。当社は，製品の提供とその後のサービスを別個の履行義務として認識した。

　このとき，各年度において認識すべき収益の額と，各年度末の貸借対照表に計上される契約負債の金額を求めなさい。

1．顧客との契約を識別する

　この契約は，電気製品とサービスの提供という顧客との契約に該当する。

2．契約における履行義務を識別する

　履行義務とは，商取引において企業が負う財またはサービスを提供する義務である。この契約では，製品を提供する義務とサービスを提供する義務という2つの履行義務が識別される。

3．取引価格を算定する

　製品の取引価格は700千円，サービスの取引価格は300千円である。

4．契約における履行義務へ取引価格を配分する

　製品とサービスそれぞれの独立販売価格に基づいて，対価の880千円を2つの履行義務へ配分する。対価の880千円と独立販売価格の合計1,000千円（＝700千円＋300千円）との差額は，複数の要素を契約したことに伴う値引きに相当する。

$$製品の履行義務：880千円 \times \frac{700千円}{700千円＋300千円}＝616千円$$

$$\text{サービスの履行義務：}880\text{千円} \times \frac{300\text{千円}}{700\text{千円}+300\text{千円}} = 264\text{千円}$$

5．履行義務の充足に応じて収益を認識する

　製品の販売時（X1年度期首）において，顧客に移転した製品の販売に係る収益を認識する。一方で，代金は受け取ったがまだ顧客に移転していないサービスに係る収益は認識できず，その部分は**契約負債**として認識する。契約負債とは，財やサービスを顧客に移転する企業の義務に対して，企業が顧客から対価を受け取ったもの，または対価を受け取る期限が到来しているものをいう。

　したがって，製品の販売時には，売上（収益）616千円と契約負債264千円が認識される。サービスに係る収益は3年間にわたり1年につき88千円（＝264千円÷3年）ずつ認識され，その分だけ毎年契約負債が減少していく（次表を参照）。

	収益の額	期末の契約負債の額
X1年度	704千円（＝616千円＋88千円）	176千円（＝264千円－88千円）
X2年度	88千円	88千円
X3年度	88千円	0千円

　今日の企業取引が複雑化し，単に財やサービスを引き渡すだけではなく，保証や各種のサポートなどが一体化した取引が増加していることもあり，現在では5ステップに基づいて収益認識が行われるようになった。

　財またはサービスに対する保証は，引当金として処理されるものと契約に含まれる1つの履行義務として処理するものとに分類される。財またはサービスに対する保証が合意された仕様に従っているという保証（単純化していえば，不良品については修理や交換に応じるといった保証）のみである場合は，製品の移転とは別の保証サービスの提供として処理を行うのではなく，第4章で説明した負債性引当金の一種である「製品保証引当金」として処理される。これに対して，財またはサービスに対する保証が合意された仕様に従っているという保証だけではなく，顧客に追加的なサービスを提供する保証を含む場合は，この保証サービスは製品の移転とは別の履行義務として処理される。

■**練習問題1**（「1．損益計算書」の問題）

　次の資料に基づいて，(1)売上総利益，(2)営業利益，(3)経常利益，(4)税引前当期純利益，(5)当期純利益を求めなさい（単位は千円）。

売上高	150,000	売上原価	90,000	販売費及び一般管理費	25,000
営業外収益	8,000	営業外費用	7,500	特別利益	800
特別損失	6,600	法人税，事業税及び住民税	11,800		

➡ 解答は191ページ

■**練習問題2**（「2．損益計算書の区分表示」の問題）

(1) 次の資料に基づいて，営業利益と経常利益を求めなさい（単位は千円）。

売上高	1,000	売上原価	650	給料	100
広告宣伝費	50	受取配当金	28	支払手数料	10
支払利息	15				

(2) 次の資料に基づいて，経常利益と当期純利益を求めなさい（単位は千円）。

税引前当期純利益	80	固定資産売却益	10	有価証券評価益	20
災害損失	20	法人税，住民税および事業税	40		

➡ 解答は191ページ

■**練習問題3**（「3．収益と費用の認識基準」の問題）

　当社は，パソコンソフトとそれに関連するメンテナンスサービスを提供する契約を締結し，代金160千円を受け取った。パソコンソフトとサービスの独立販売価格はそれぞれ144千円，36千円であった。

　パソコンソフトはX1年度期首に引き渡し，サービスはX1年度期首から4年間にわたり提供する。当社は，製品の提供とその後のメンテナンスサービスを別個の履行義務として認識した。

　このとき，各年度において認識すべき収益の額と，各年度末の貸借対照表に計上される契約負債の金額を求めなさい。

	収益の額	期末の契約負債の額
X1年度		
X2年度		
X3年度		
X4年度		

➡ 解答は192ページ

■**練習問題4**（まとめ問題）

損益計算書に関する次の文章が正しければ○，誤りであれば×としなさい。

1．商品販売業における売上原価は，商品の仕入原価のうち販売された部分のことである。

2．営業利益は，本業以外で生じた投資収益や資金調達コストを加減した後の利益である。

3．営業利益の金額は，売上総利益の金額よりも小さくなる。

4．特別利益とは，本業以外の財務活動などの継続的な活動による利益である。

5．経常利益は，主たる経営活動の成果を示し，利息の受払額などを加減する前の利益である。

6．税引前当期純利益は，経常利益に特別利益を加え，特別損失を差し引いて求める。

7．売上総利益は，売上原価から売上高を差し引いて求める。

8．損益計算書は，企業の1会計期間における財政状態を明らかにするために作成される。

9．損益計算書の最終行には，当期純利益が表示される。

10．損益計算書の一行目には，売上高が表示される。

➡ 解答は192ページ

第7章

キャッシュ・フロー計算書

学習のポイント

利益とキャッシュ・フローの相違／キャッシュ・フロー計算書の区分／間接法／フリー・キャッシュ・フロー

1 キャッシュ・フロー計算書

1.1 キャッシュ・フロー計算書の意義

キャッシュ・フロー計算書は，1会計期間におけるキャッシュ・フロー（cash flow：資金の流れ）の状況を表す書類である。具体的には，キャッシュ・フロー計算書では，1会計期間において，どのような原因でどれだけの収入と支出があったかが表示される。

現行の発生主義会計においては，損益計算書で利益が計上されたとしても，同額の現金が増加するとは限らない（Column15を参照）。したがって，企業が現金を獲得する能力や債務を返済する能力を評価するために，キャッシュ・フロー計算書が必要とされる。損益計算書とキャッシュ・フロー計算書の記載内容を簡単に比較すると，次のようになる。

損益計算書（単位：千円）		キャッシュ・フロー計算書（単位：千円）	
収　　益	100	収　　　　入	110
費　　用	△60	支　　　　出	△80
利　　益	40	キャッシュ・フロー	30

利益とキャッシュ・フローは，必ずしも一致しない

1.2 資金の範囲

キャッシュ・フロー計算書が対象とするキャッシュ（資金）の範囲は，現金および現金同等物である。現金には手許現金のほかに普通預金や当座預金なども含まれる。**現金同等物**は，容易に換金可能で，かつ価値の変動について僅少のリスクしか負わない短期投資であり，一定の要件を満たす定期預金などが該当する。したがって，受取手形，売掛金，株式などは，キャッシュ・フロー計算書が対象とする現金同等物には含まれない。

1.3 キャッシュ・フロー計算書の表示区分

キャッシュ・フロー計算書では，1会計期間に生じたキャッシュ・フローを**営業活動，投資活動，財務活動**の3つに区分して，87ページのように表示される。

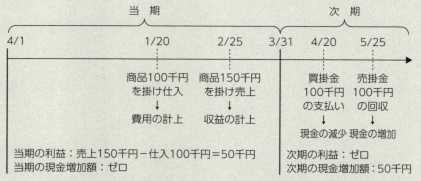

Column15■利益とキャッシュ・フローが一致しない理由

現行の発生主義会計において，1会計期間の利益とキャッシュ・フローが必ずしも一致しない理由は，収益または費用を計上する時点と現金を受け取るまたは支払う時点が異なるからである。たとえば，ある企業が次の取引を行った場合，当期の利益と現金増加額，次期の利益と現金増加額は，それぞれ以下のようになる。

このように，収益または費用を計上する時点と現金を受け取るまたは支払う時点が異なるので，1会計期間の利益とキャッシュ・フローは必ずしも一致しないのである。

第7章　キャッシュ・フロー計算書　*87*

キャッシュ・フロー計算書（単位：千円）

営業活動によるキャッシュ・フロー	2,000
投資活動によるキャッシュ・フロー	△500
財務活動によるキャッシュ・フロー	1,500
現金及び現金同等物の増減額	3,000
現金及び現金同等物の期首残高	1,000
現金及び現金同等物の期末残高	4,000

　以下では，これら3つの区分のキャッシュ・フローについて詳しく説明する。

2 営業活動によるキャッシュ・フロー

2.1　営業活動によるキャッシュ・フローの表示方法

　営業活動によるキャッシュ・フローは，企業の主たる営業活動から生じたキャッシュ・フローである。営業活動によるキャッシュ・フローの表示方法には**直接法**と**間接法**の2つがある。企業は，継続適用を条件にいずれかの方法を選択できる。直接法と間接法を比較すると，**図表7-1**のようになる。

［図表7-1］　直接法と間接法の比較

	直接法	間接法
概要	主要な取引（営業収入，仕入支出，人件費など）ごとに営業活動によるキャッシュ・フローを表示する方法	税引前当期純利益に一定の項目を加減して営業活動によるキャッシュ・フローを表示する方法
長所	収入額と支出額の総額が表示されるため，営業活動の規模が明らかになる。	損益計算書の利益とキャッシュ・フロー計算書のキャッシュの関係が明らかになる。
短所	損益計算書の利益とキャッシュ・フロー計算書のキャッシュの関係が明らかにならない。	収入額と支出額の総額が表示されないため，営業活動の規模が把握できない。

　直接法と間接法による表示例を示したものが**図表7-2**である。両方法では，小計欄より上の表示方法は異なるが，小計欄以下の表示方法は同じである。

［図表7-2］ 直接法と間接法の表示

〈直接法〉

営業活動によるキャッシュ・フロー	
営業収入	××
原材料及び商品の仕入による支出	△××
人件費の支出	△××
その他の営業支出	△××
………	××
………	××
………	△××
………	△××
小　計	××
利息及び配当金の受取額	××
利息の支払額	△××
法人税等の支払額	△××
営業活動によるキャッシュ・フロー	××

〈間接法〉

営業活動によるキャッシュ・フロー	
税引前当期純利益	××
減価償却費	××
受取利息及び受取配当金	△××
支払利息	××
売上債権の増加額	△××
棚卸資産の減少額	××
仕入債務の減少額	△××
………	××
小　計	××
利息及び配当金の受取額	××
利息の支払額	△××
法人税等の支払額	△××
営業活動によるキャッシュ・フロー	××

　間接法の方が直接法よりも作成が簡単なので，実務では間接法による開示を行う企業が多いこともあり，間接法を中心に説明する。

2.2　間接法による表示方法

　間接法では，損益計算書の税引前当期純利益に一定の項目を加減して，営業活動によるキャッシュ・フローを表示する。税引前当期純利益に加減する一定の項目例は，以下に示すとおりである。

（1）　減価償却費

　減価償却費は，損益計算書では費用として控除されているが，現金支出はない。したがって，現金残高は，減価償却費分だけ利益より多くなる。たとえば，収益が3,000千円（すべて現金受取り），減価償却費以外の費用が2,400千円（すべて現金支払い），減価償却費が100千円だとする。このとき，損益計算書とキャッシュ・フロー計算書は次のようになる。

損益計算書（単位：千円）		キャッシュ・フロー計算書（単位：千円）	
収　　益	3,000	収　　入	3,000
費　　用	△2,400	支　　出	△2,400
減価償却費	△100	キャッシュ・フロー	600
利　　益	500		

　したがって，利益500千円に減価償却費100千円を加算すれば，キャッシュ・フローの金額600千円になる。つまり，キャッシュ・フロー計算書では，減価償却費は次のように調整される。

減価償却費 ⟶ 加算する

(2) 売上債権（受取手形・売掛金）

　間接法によるキャッシュ・フロー計算書の作成において，売上債権の増減額（期首と期末の差額）の調整方法を説明する。たとえば，売掛金の期首残高を620千円，当期の掛売上高を2,000千円（売上はすべて掛けとする），期末残高を580千円とすると，売掛金の現金回収額は2,040千円（＝620千円＋2,000千円－580千円）になる（増減表を参照）。

　損益計算書の売上高は2,000千円であるが，売掛金の現金回収額は2,040千円である。つまり，売掛金の期末残高（580千円）が期首残高（620千円）より減少している場合は，その減少分（40千円）だけ売上高よりも現金を多く回収していることになる。ここで，費用合計を1,200千円（すべて現金支払い）とすると，損益計算書とキャッシュ・フロー計算書は次のようになる。

損益計算書（単位：千円）		キャッシュ・フロー計算書（単位：千円）	
収　益	2,000	収　入	2,040
費　用	△1,200	支　出	△1,200
利　益	800	キャッシュ・フロー	840

したがって，利益800千円に売掛金の減少額40千円を加算すれば，キャッシュ・フローの金額840千円になる。まとめると，キャッシュ・フロー計算書では，売上債権の増減額は次のように調整される。

売上債権の増加額 ──▶ 減算する
売上債権の減少額 ──▶ 加算する

（3）仕入債務（支払手形，買掛金）

　間接法によるキャッシュ・フロー計算書の作成において，仕入債務の増減額（期首と期末の差額）の調整方法を説明する。たとえば，買掛金の期首残高を300千円，当期の掛仕入高を1,050千円（仕入はすべて掛けとする），期末残高を380千円とすると，買掛金の現金支払額は970千円（＝300千円＋1,050千円－380千円）になる（増減表を参照）。

　損益計算書の売上原価（仕入高）は1,050千円であるが，買掛金の現金支払額は970千円である。つまり，買掛金の期末残高（380千円）が期首残高（300千円）より増加している場合は，その増加分（80千円）だけ売上原価よりも現金を少なく支払っていることになる。ここで，売上高を2,000千円（すべて現金受取り）とすると，損益計算書とキャッシュ・フロー計算書は次のようになる。

損益計算書（単位：千円）		キャッシュ・フロー計算書（単位：千円）	
収　　益	2,000	収　　　入	2,000
費　　用	△1,050	支　　　出	△970
利　　益	950	キャッシュ・フロー	1,030

　したがって，利益950千円に買掛金の増加額80千円を加算すれば，キャッシュ・フローの金額1,030千円になる。まとめると，キャッシュ・フロー計算書では，仕入債務の増減額は次のように調整される。

仕入債務の増加額 ──▶ 加算する

仕入債務の減少額 ──▶ 減算する

　以上のことは，1会計期間における資産と負債の増減額にもあてはまる。したがって，キャッシュ・フロー計算書では，1会計期間における資産と負債の増減額は次のように調整される。

資産の増加額 ──▶ 減算する　　資産の減少額 ──▶ 加算する

負債の増加額 ──▶ 加算する　　負債の減少額 ──▶ 減算する

例題7－1

　以下の資料に基づいて，間接法で営業活動によるキャッシュ・フローの区分を作成しなさい（単位は千円）。

損益計算書

1．売掛金の残高　期首500　期末580	売上高	3,000
2．買掛金の残高　期首400　期末420	売上原価	1,600
3．商品売買はすべて掛けで行われた。	売上総利益	1,400
4．営業費は現金で支払った。	販売費及び一般管理費	
5．期首と期末の棚卸資産はゼロである。	営業費	180
	減価償却費	120
	税引前当期純利益	1,100

解 答

キャッシュ・フロー計算書（単位：千円）

営業活動によるキャッシュ・フロー	
税引前当期純利益	1,100
減価償却費	120
売上債権の増加額	△80
仕入債務の増加額	20
営業活動によるキャッシュ・フロー	1,160

参考までに，直接法による表示とその計算過程を示すと，次のようになる。

キャッシュ・フロー計算書（単位：千円）

営業活動によるキャッシュ・フロー		
営業収入	2,920	◀── 売掛金の現金回収額（＝500＋3,000－580）
商品の仕入による支出	△1,580	◀── 買掛金の現金支払額（＝400＋1,600－420）
営業費支出	△180	◀── 営業費の現金支払額
営業活動によるキャッシュ・フロー	1,160	

3 投資活動によるキャッシュ・フロー

　投資活動によるキャッシュ・フローは，固定資産や有価証券への投資活動から生じたキャッシュ・フローである。この区分に記載する主な項目は次のとおりであり，表示例は**図表7－3**に示すとおりである。

① 有価証券の取得による支出

② 有価証券の売却による収入

③ 有形固定資産の取得による支出

④ 有形固定資産の売却による収入

⑤ 貸付けによる支出

⑥ 貸付金の回収による収入

⑦ 投資有価証券の取得による支出

⑧ 投資有価証券の売却による収入

⑨　無形固定資産の取得による支出

⑩　無形固定資産の売却による収入

[図表７－３]　投資活動によるキャッシュ・フローの表示

投資活動によるキャッシュ・フロー	
有価証券の取得による支出	△××
有価証券の売却による収入	××
有形固定資産の取得による支出	△××
有形固定資産の売却による収入	××
貸付けによる支出	△××
貸付金の回収による収入	××
………	…
投資活動によるキャッシュ・フロー	××

4　財務活動によるキャッシュ・フロー

　財務活動によるキャッシュ・フローは，資金調達や返済といった財務活動から生じたキャッシュ・フローである。この区分に記載する主な項目は次のとおりであり，表示例は**図表７－４**に示すとおりである。

①　短期借入れによる収入

②　短期借入金の返済による支出

③　長期借入れによる収入

④　長期借入金の返済による支出

⑤　社債の発行による収入

⑥　社債の償還による支出

⑦　株式の発行による収入

⑧　自己株式の取得による支出

⑨　配当金の支払額

［図表７－４］　財務活動によるキャッシュ・フローの表示

財務活動によるキャッシュ・フロー	
短期借入れによる収入	××
短期借入金の返済による支出	△××
長期借入れによる収入	××
長期借入金の返済による支出	△××
社債の発行による収入	××
社債の償還による支出	△××
株式の発行による収入	××
自己株式の取得による支出	△××
配当金の支払額	△××
………	…
財務活動によるキャッシュ・フロー	××

Column16■各活動のキャッシュ・フローの見方

　各活動のキャッシュ・フローの見方は，次のとおりである。

営業活動による キャッシュ・フロー	プラス	事業活動（本業）を継続していくために必要な資金を稼ぐことができている。大きければ大きいほど望ましい。
	マイナス	事業活動（本業）を継続していくために必要な資金を稼ぐことができていない。
投資活動による キャッシュ・フロー	プラス	有価証券や固定資産の売却を多く行っている。
	マイナス	有価証券や固定資産への投資を積極的に行っている。
財務活動による キャッシュ・フロー	プラス	銀行借入れ，社債発行，株式発行などにより，資金を多く調達している。
	マイナス	借入金の返済や社債の償還などを多く行ったり，配当金を多く支払ったりしている。

　このように，投資活動によるキャッシュ・フローや財務活動によるキャッシュ・フローは，マイナスが悪いわけではない。

5 フリー・キャッシュ・フロー

フリー・キャッシュ・フロー（free cash flow：**FCF**）は，企業が事業活動で得た資金から事業維持に必要な資金を差し引いたものであり，すべての必要な現金支出を行った後で企業が自由に使用できるキャッシュである。

FCFは，簡便的に営業活動によるキャッシュ・フローと投資活動によるキャッシュ・フローを加算した額として求めることができる。たとえば，営業活動によるキャッシュ・フローが1,000千円，投資活動によるキャッシュ・フローが△200千円の場合，FCFは800千円になる。

> FCF＝営業活動によるキャッシュ・フロー
> 　　＋投資活動によるキャッシュ・フロー

FCFの額が多いほど，企業が自由に使える資金が多いことを意味する。FCFは，次のような企業戦略に使うことが可能である。
① 新規事業や既存事業拡大の投資を行い，収益性を高める。
② 配当金を増やして，株主の期待に応える。
③ 借入金の返済や社債の償還に充てる。
④ 自己株式を取得する。

■**練習問題1**（「1．キャッシュ・フロー計算書」の問題）
次の文章が正しければ○，誤りであれば×としなさい。
1．受取手形，売掛金，株式は現金同等物に含まれる。
2．営業活動によるキャッシュ・フローを間接法で作成した場合，減価償却費は税引前当期純利益から減算する。
3．キャッシュ・フロー計算書は，営業活動，投資活動および財務活動の3つに区分して表示される。
4．キャッシュ・フロー計算書を用いたフリー・キャッシュ・フローは，営業活動

96

によるキャッシュ・フロー＋財務活動によるキャッシュ・フローで求める。

➡ 解答は192ページ

■**練習問題2**（「2．営業活動によるキャッシュ・フロー」の問題）

次の資料に基づいて，間接法で営業活動によるキャッシュ・フロー区分を作成しなさい。なお，計算上控除する場合は，数値の前に△をつけること（単位は千円）。

損益計算書（単位：千円）

売上高	1,800
売上原価	950
売上総利益	850
販売費及び一般管理費	
営業費	300
減価償却費	270
税引前当期純利益	280

1．売掛金の残高　期首560　期末600
2．買掛金の残高　期首400　期末480
3．商品の残高　　期首740　期末670
4．商品売買はすべて掛けで行われた。

キャッシュ・フロー計算書（単位：千円）

営業活動によるキャッシュ・フロー		
税引前当期純利益		280
減価償却費	（　　　　）	
売上債権の増加額	（　　　　）	
仕入債務の増加額	（　　　　）	
棚卸資産の減少額	（　　　　）	
営業活動によるキャッシュ・フロー	（　　　　）	

➡ 解答は193ページ

■**練習問題3**（「3．投資活動によるキャッシュ・フロー」の問題）

次の資料に基づいて，投資活動によるキャッシュ・フロー区分を作成した場合，（　　）に入る金額を答えなさい。なお，計算上控除する場合は，数値の前に△を付けること。

【資料】

① 建物の期首残高は2,290千円，期末残高は2,060千円である。

② 長期貸付金の期首残高は5,000千円，期末残高は2,500千円である。

③　期首に，建物のうち帳簿価額230千円分を200千円で売却した。

④　長期貸付金の当期貸付額は3,200千円である。

キャッシュ・フロー計算書（単位：千円）

投資活動によるキャッシュ・フロー	
有形固定資産の売却による収入	（　①　）
貸付けによる支出	（　②　）
貸付金の回収による収入	（　③　）
投資活動によるキャッシュ・フロー	（　④　）

➡ **解答は193ページ**

■**練習問題4**（「4．財務活動によるキャッシュ・フロー」の問題）

次の資料に基づいて，財務活動によるキャッシュ・フロー区分を作成した場合，（　）に入る金額を答えなさい。なお，計算上控除する場合は，数値の前に△を付けること。

【資料】

①　長期借入金の期首残高は2,700千円，期末残高は3,420千円である。

②　長期借入金の当期返済額は500千円である。

③　期中に，株主に配当金60千円を現金で支払った。

キャッシュ・フロー計算書（単位：千円）

投資活動によるキャッシュ・フロー	
長期借入れによる収入	（　①　）
長期借入金の返済による支出	（　②　）
配当金の支払額	（　③　）
投資活動によるキャッシュ・フロー	（　④　）

➡ **解答は193ページ**

■**練習問題5**（まとめ問題）

次の各項目は，どの活動によるキャッシュ・フローに区分されるか番号で答えなさい。営業活動によるキャッシュ・フローは，間接法で表示されている。

①　有価証券の取得による支出

②　配当金の支払額

③　借入れによる収入

④ 借入金の返済による支出

⑤ 貸付金の回収による収入

⑥ 法人税等の支払額

⑦ 有形固定資産の売却による収入

⑧ 株式の発行による収入

⑨ 人件費の支出

営業活動によるキャッシュ・フロー	
投資活動によるキャッシュ・フロー	
財務活動によるキャッシュ・フロー	

➡ 解答は194ページ

第8章

連結財務諸表

学習のポイント

連結の範囲／連結貸借対照表／連結損益計算書／連結包括利益計算書／セグメント情報／在外子会社等の財務諸表項目の換算

1 連結財務諸表

1.1 連結財務諸表の意義

現代の企業は，企業集団を形成して経営活動を営んでいることが多い。企業集団内の各企業は，法律的には別個の実体であるが，実質的には1つの実体といえる。このような場合は，企業集団全体の財務諸表を作成し，開示することがステークホルダーの意思決定に役立つ。

ある企業集団全体としての財務諸表を**連結財務諸表**という。連結財務諸表は，支配従属関係にある複数の企業で構成される企業集団を単一の組織体とみなして，親会社がその企業集団の財務内容を総合的に報告する目的で作成される（**図表8－1**）。

1.2 連結の範囲

連結の範囲とは，連結財務諸表作成の対象となる企業の範囲である。ある企業が連結の範囲に含まれるか否かは，親会社とその企業との間に支配従属関係が存在するか否かという**支配力基準**によって決定される。

他の企業を支配している企業を**親会社**といい，支配されている企業を**子会社**という。親会社は，連結財務諸表の作成にあたっては，原則としてすべての子

[図表8−1] 個別財務諸表と連結財務諸表の関係

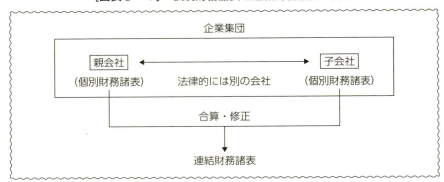

会社を連結の範囲に含めなければならない。連結の範囲に含まれる子会社を**連結子会社**，親会社の支配が一時的と認められるなど一定の要件を満たすために連結の範囲に含まれない子会社は**非連結子会社**という。

ある企業が次の①から③のいずれかに該当する場合は，原則として他の企業を支配していると判断される。

① 他の企業の議決権の過半数を実質的に所有している場合
② 他の企業の議決権の40％以上50％以下を実質的に所有しており，かつ一定の要件（たとえば，他の企業の重要な財務や事業の方針決定を支配する契約等が存在すること）に該当する場合
③ 自己の意思と同一の内容の議決権を行使すると認められる者等が所有している議決権と合わせて，他の企業の議決権の過半数を実質的に所有し，かつ一定の要件に該当する場合

2 連結貸借対照表

2.1 連結貸借対照表の様式

連結貸借対照表の様式は，個別貸借対照表と基本的には同じであるが，純資産の部の表示に次のような相違がある（**図表8−2**）。

① 個別貸借対照表における「評価・換算差額等」は，連結貸借対照表では

「その他の包括利益累計額」と表示する。

② 連結貸借対照表では，個別貸借対照表にはない「非支配株主持分」を表示する。

[図表8−2] 個別貸借対照表と連結貸借対照表の純資産の部の表示

【個別貸借対照表】
株主資本
評価・換算差額等
株式引受権
新株予約権

【連結貸借対照表】
株主資本
その他の包括利益累計額
株式引受権
新株予約権
非支配株主持分

2.2 連結貸借対照表の作成手順

（1） 基本原則

連結貸借対照表は，親会社と子会社の個別貸借対照表における資産，負債および純資産の金額を基礎として，必要な修正処理を行って作成される（**図表8−3**）。

[図表8−3] 連結貸借対照表の作成手順

親会社 個別貸借対照表
子会社 個別貸借対照表
→ 合算 → 修正処理 → 連結貸借対照表

① 子会社の資産と負債の時価評価
② 投資と資本の相殺消去
③ 債権と債務の相殺消去

以下では，修正処理について説明する。なお，ある企業が他の企業の支配を獲得した日を**支配獲得日**という。

（2） 子会社の資産と負債の時価評価

連結貸借対照表の作成にあたっては，支配獲得日において，子会社の資産と

負債を時価で評価する。この手続きによって生じた時価評価額と子会社の個別貸借対照表上の帳簿価額との差額は，子会社の資本に含める。

例題8－1

以下の資料に基づいて，S社の時価評価後の貸借対照表を作成しなさい。便宜上，すべての資産，負債をまとめてそれぞれ諸資産，諸負債と表記している。
① P社は，S社の議決権100％を2,300千円で取得し，支配を獲得した。
② 支配獲得日のS社の貸借対照表は下記に示すとおりであり，諸資産の時価は4,000千円であった。

S社の貸借対照表（単位：千円）

諸　資　産	3,800	諸　負　債	1,800
		資　本　金	1,200
		利益剰余金	800
	3,800		3,800

解　答

貸借対照表（単位：千円）

諸　資　産	4,000	諸　負　債	1,800
		資　本　金	1,200
		利益剰余金	800
		評　価　差　額	200
	4,000		4,000

（3）　投資と資本の相殺消去

連結貸借対照表は，親会社と子会社の個別貸借対照表を合算して作成される。しかし，単純に合算しただけでは，親会社の投資である子会社株式と子会社の資本である株主資本と評価・換算差額等が重複するという問題が生じる。そこで，連結貸借対照表の作成にあたっては，親会社の投資と子会社の資本を相殺消去する。

親会社の投資額と子会社の資本額が異なる場合は，相殺消去する際に差額が生じる。この差額である投資消去差額については，その大小関係によって処理

第8章 連結財務諸表 *103*

が変わる（**図表8－4**）。

[**図表8－4**] **投資消去差額の処理方法**

親会社の投資額	子会社の資本額	差額の処理
500千円	300千円	200千円は**のれん**（無形固定資産）
500千円	600千円	100千円は**負ののれん発生益**（特別利益）

① 完全子会社の場合

完全子会社とは，親会社が議決権の100％を取得している子会社である。

例題8－2

以下の資料に基づいて，連結貸借対照表を作成しなさい。【例題8－1の続き】

① P社は，S社の議決権100％を2,300千円で取得し，支配を獲得した。

② 支配獲得日におけるP社とS社の貸借対照表は，下記に示すとおりである。
なお，S社の資産と負債は時価評価後の金額である。

P社の貸借対照表（単位：千円）

諸 資 産	6,700	諸 負 債	3,500
S 社 株 式	2,300	資 本 金	4,000
		利益剰余金	1,500
	9,000		9,000

S社の貸借対照表（単位：千円）

諸 資 産	4,000	諸 負 債	1,800
		資 本 金	1,200
		利益剰余金	800
		評 価 差 額	200
	4,000		4,000

解 答

連結貸借対照表（単位：千円）

諸 資 産	10,700	諸 負 債	5,300
の れ ん	100	資 本 金	4,000
		利 益 剰 余 金	1,500
	10,800		10,800

諸資産と諸負債については，P社とS社を合算する。P社の投資であるS社株式2,300千円と，S社の資本2,200千円（＝資本金＋利益剰余金＋評価差額）を相殺し，超過額100千円をのれんとする。投資と資本を相殺消去するので，連結貸借対照表ではS社株式は計上されず，資本金と利益剰余金はP社の金額だけになる。

② 部分所有子会社の場合

親会社による子会社の議決権の所有割合が100％に満たない場合は，子会社に**非支配株主**（親会社以外の株主）が存在する。部分所有子会社とは，非支配株主が存在する子会社のことである。たとえば，親会社が子会社の議決権の80％を所有している場合，残りの20％の株主をまとめて非支配株主という。

親会社は部分所有であっても子会社を支配しているので，投資と資本の相殺消去を行うが，子会社の資本のうち非支配株主の所有分は**非支配株主持分**（純資産）とする。

例題8－3

以下の資料に基づいて，連結貸借対照表を作成しなさい。

① P社は，S社の議決権の80％を4,200千円で取得し，支配を獲得した。

② 支配獲得日におけるP社とS社の貸借対照表は，下記に示すとおりである。

S社の資産と負債の帳簿価額と時価は一致しており，評価差額は生じていない。

P社の貸借対照表（単位：千円）

諸 資 産	9,000	諸 負 債	6,200
S 社 株 式	4,200	資 本 金	4,000
		利益剰余金	3,000
	13,200		13,200

S社の貸借対照表（単位：千円）

諸 資 産	8,000	諸 負 債	3,500
		資 本 金	3,000
		利益剰余金	1,500
	8,000		8,000

解 答

連結貸借対照表（単位：千円）

諸 資 産	17,000	諸 負 債	9,700
の れ ん	600	資 本 金	4,000
		利 益 剰 余 金	3,000
		非支配株主持分	900
	17,600		17,600

諸資産と諸負債については，P社とS社を合算する。P社の投資であるS社株式4,200千円と，S社の資本4,500千円（＝資本金＋利益剰余金）の80％に相当する3,600千円を相殺し，超過額600千円をのれんとする。そして，S社の資本4,500千円の20％に相当する900千円を非支配株主持分とする。

第8章　連結財務諸表　*105*

$$
\begin{array}{l}
\text{S社の資本}\\
\text{4,500千円}
\end{array}
\left\{
\begin{array}{l}
\text{P社の持分（80\%）3,600千円} \longrightarrow \text{投資額4,200千円との差額600千円}\\
\hspace{18em}\text{がのれん}\\
\text{非支配株主の持分（20\%）900千円} \longrightarrow \text{非支配株主持分とする}
\end{array}
\right.
$$

（4）　債権と債務の相殺消去

　連結会社相互間（親会社と子会社間，または子会社間）の債権と債務は，企業集団内での取引の結果にすぎないので，連結貸借対照表の作成にあたっては相殺消去する。このような債権と債務には，受取手形と支払手形，売掛金と買掛金，未収入金と未払金などがある。たとえば，【例題8－2】において，P社の諸資産の中にS社に対する売掛金が300千円，S社の諸負債の中にP社に対する買掛金が300千円あったとする。P社の売掛金とS社の買掛金を相殺消去すると，諸資産と諸負債が300千円減少するので，連結貸借対照表は次のようになる。

連結貸借対照表（単位：千円）

諸　　資　　産	10,400	諸　　　負　　　債	5,000
の　　れ　　ん	100	資　　　本　　　金	4,000
		利　益　剰　余　金	1,500
	10,500		10,500

3　連結損益計算書

3.1　連結損益計算書の様式

　連結損益計算書の様式は，個別損益計算書と基本的には同じであるが，次のような相違がある（**図表8－5**）。

　①　個別損益計算書における「税引前当期純利益」は，連結損益計算書では「税金等調整前当期純利益」と表示する。

　②　連結損益計算書では，「当期純利益」から「非支配株主に帰属する当期純利益」を控除する形で「親会社株主に帰属する当期純利益」を表示する。

[図表8−5] 連結損益計算書の様式

売上高	××
売上原価	××
売上総利益	××
販売費及び一般管理費	××
営業利益	××
営業外収益	××
営業外費用	××
経常利益	××
特別利益	××
特別損失	××
税金等調整前当期純利益	××
法人税，住民税及び事業税	××
法人税等調整額	××
法人税等合計	××
当期純利益	××
非支配株主に帰属する当期純利益	××
親会社株主に帰属する当期純利益	××

　相違の②について具体的に説明する。たとえば，親会社の当期純利益が150千円，子会社の当期純利益が100千円，親会社の持分が80％，非支配株主の持分が20％とする。このとき，非支配株主に帰属する当期純利益は20千円（＝100千円×20％），親会社株主に帰属する当期純利益は230千円（＝150千円＋100千円×80％）なので，**図表8−6**のように表示される（単位は千円）。

[図表8−6] 非支配株主が存在する場合の表示方法

連結損益計算書（単位：千円）

当期純利益	250
非支配株主に帰属する当期純利益	20
親会社株主に帰属する当期純利益	230

3.2 連結損益計算書の作成手順

(1) 基本原則

連結損益計算書は，親会社と子会社の個別損益計算書における収益と費用の金額を基礎として，必要な修正処理を行って作成される（**図表8－7**）。

[図表8－7] 連結損益計算書の作成手順

(2) 連結会社相互間の取引高の相殺消去

連結会社相互間で行われた商品売買などの取引は，企業集団内部の取引にすぎない。したがって，連結損益計算書の作成にあたっては，これらの取引に関連する項目は相殺消去する。相殺消去される取引例としては，商品売買による売上高と売上原価，受取利息と支払利息，受取手数料と支払手数料などがある。

例題8－4

以下の資料に基づいて，当期の連結損益計算書を作成しなさい。
① X1年3月31日（前期末）に，P社はS社の議決権の90％を取得し，支配を獲得した。
② 当期（X1年4月1日からX2年3月31日まで）におけるP社とS社の個別損益計算書は，下記に示すとおりである。
③ P社の売上高のうち400千円はS社に対する売上高である。S社は，この商品をすべて企業集団外部に販売済みである。
④ P社の受取利息のうち10千円はS社から受け取ったものである。

P社とS社の個別損益計算書（単位：千円）

	P社	S社
売上高	9,000	2,900
売上原価	6,000	1,400
売上総利益	3,000	1,500
販売費及び一般管理費	1,210	530
営業利益	1,790	970
営業外収益		
受取利息	100	0
営業外費用		
支払利息	90	70
税引前当期純利益	1,800	900
法人税等合計	700	300
当期純利益	1,100	600

解　答

連結損益計算書（単位：千円）

売上高	11,500	←9,000（P社）+2,900（S社）−400（内部取引）
売上原価	7,000	←6,000（P社）+1,400（S社）−400（内部取引）
売上総利益	4,500	
販売費及び一般管理費	1,740	←1,210（P社）+530（S社）
営業利益	2,760	
営業外収益		
受取利息	90	←100（P社）−10（内部取引）
営業外費用		
支払利息	150	←90（P社）+70（S社）−10（内部取引）
税金等調整前当期純利益	2,700	
法人税等合計	1,000	←700（P社）+300（S社）
当期純利益	1,700	
非支配株主に帰属する当期純利益	60	←S社の当期純利益600×10%
親会社株主に帰属する当期純利益	1,640	（非支配株主持分割合）

　P社がS社に商品を販売した分については，P社の売上高とS社の売上原価を相殺消去する。利息の授受については，受取利息と支払利息を相殺消去する。

（3） 未実現利益の消去

　連結会社間で利益を付して資産の売買を行った場合，この資産に付加された利益は，企業集団外に販売されるまでは未実現である。連結上，このような**未実現利益**（または未実現損失）は全額消去しなければならない。たとえば，**図表8－8**のような取引が行われた場合，未実現利益の20千円を全額消去する。ここでは，商品売買の未実現利益を中心に説明する。

[図表8－8]　連結会社間の商品売買と未実現利益

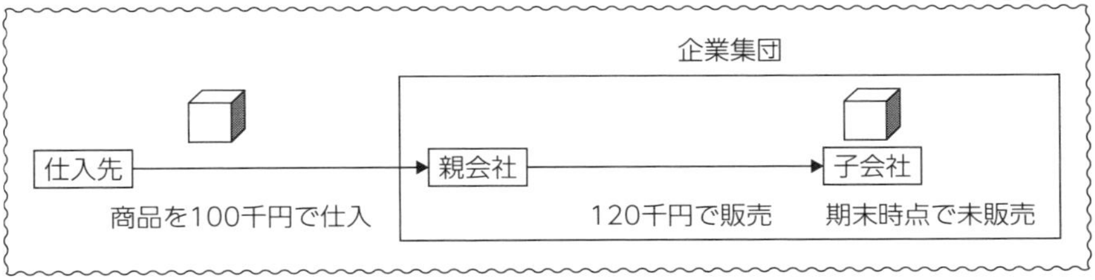

　未実現利益が生じるケースには，ダウン・ストリームとアップ・ストリームの2つがあるが，ダウン・ストリームだけを説明する。**ダウン・ストリーム**とは，親会社が販売者，子会社が購入者となる資産の売買である。ダウン・ストリームでは，親会社が利益を付加して子会社に販売しているので，親会社が未実現利益を全額消去する。

例題8－5

次の資料に基づいて，連結損益計算書を作成しなさい。
① 　P社は，S社の議決権の100％を取得し，支配を獲得している。
② 　P社とS社の個別損益計算書は，以下に示すとおりである。
③ 　P社の売上高のうち100千円は，S社に対するものである。
④ 　S社の期末商品棚卸高には，P社から仕入れた商品に係る未実現利益10千円が含まれている。

P社とS社の個別損益計算書（単位：千円）

	P社		S社	
売上高		1,000		600
売上原価				
期首商品棚卸高	0		0	
当期商品仕入高	400		300	
合　計	400		300	
期末商品棚卸高	60	340	40	260
当期純利益		660		340

解　答

連結損益計算書（単位：千円）

売上高		1,500
売上原価		
期首商品棚卸高	0	
当期商品仕入高	600	
合　計	600	
期末商品棚卸高	90	510
当期純利益		990

売上高：1,000（P社）＋600（S社）－100（内部取引）＝1,500
当期商品仕入高：400（P社）＋300（S社）－100（内部取引）＝600
商品期末棚卸高：60（P社）＋40（S社）－10（未実現利益）＝90

4　連結包括利益計算書

4.1　当期純利益と包括利益の関係

　連結財務諸表では，当期純利益に加えて**包括利益**も表示される。当期純利益と包括利益の関係は，次のとおりである。

　　当期純利益＋その他の包括利益＝包括利益

その他の包括利益には，その他有価証券評価差額金（第3章）や後述する為替換算調整勘定などがある。

4.2　包括利益を表示する計算書

包括利益を表示する計算書は，以下のいずれかの形式による。いずれの方式でも，親会社株主に係る包括利益と非支配株主に係る包括利益を付記する。両計算方式の表示例は，**図表8－9**に示すとおりである。

(1)　**2計算書方式**……当期純利益を表示する損益計算書と包括利益を表示する包括利益計算書からなる形式である。

(2)　**1計算書方式**……当期純利益の表示と包括利益の表示を1つの計算書（損益及び包括利益計算書）で行う形式である。

[図表8－9]　包括利益を表示する書類

【2計算書方式】 連結損益計算書（単位：千円）		【1計算書方式】 連結損益及び包括利益計算書（単位：千円）	
売上高	10,000	売上高	10,000
・・・・・		・・・・・	
税金等調整前当期純利益	2,200	税金等調整前当期純利益	2,200
法人税等合計	900	法人税等合計	900
当期純利益	1,300	当期純利益	1,300
非支配株主に帰属する当期純利益	300	（内訳）	
親会社株主に帰属する当期純利益	1,000	親会社株主に帰属する当期純利益	1,000
		非支配株主に帰属する当期純利益	300
〈連結包括利益計算書〉			
当期純利益	1,300		
その他の包括利益		その他の包括利益	
その他有価証券評価差額金	530	その他有価証券評価差額金	530
為替換算調整勘定	170	為替換算調整勘定	170
その他の包括利益合計	700	その他の包括利益合計	700
包括利益	2,000	包括利益	2,000
（内訳）		（内訳）	
親会社株主に係る包括利益	1,600	親会社株主に係る包括利益	1,600
非支配株主に係る包括利益	400	非支配株主に係る包括利益	400

5 持 分 法

5.1 持分法の意義

持分法とは，投資会社（親会社など）が被投資会社（関連会社など）の資本および損益のうち投資会社に帰属する部分の変動に応じて，その投資の額を連結決算日ごとに修正する方法である。たとえば，投資会社Ｐ社と，Ｐ社に20％の議決権を所有されている被投資会社Ａ社があり，Ａ社が当期純利益1,000千円を計上したとする。この場合，Ｐ社が保有するＡ社株式の評価額と連結上の利益を，その持分20％に相当する200千円だけ増加させる。このように，持分法を適用することにより，被投資会社の業績を連結財務諸表に反映させることができる。

5.2 持分法の適用範囲

持分法は，原則として非連結子会社および関連会社に対する投資に対して適

Column17■包括利益の数値例

1期に，その他有価証券を100千円で取得した。この有価証券の1期末の時価は120千円，2期末の時価は150千円であったとする。このとき，税効果会計を無視すると，2計算書方式による各期の連結貸借対照表と連結損益計算書は，次のようになる。

[1期]

連結貸借対照表（単位：千円）

（資産の部）	（負債の部）
投資有価証券　120	（純資産の部）
	その他の包括利益累計額　20

連結包括利益計算書（単位：千円）

その他の包括利益
その他有価証券評価差額金　20

[2期]

連結貸借対照表（単位：千円）

（資産の部）	（負債の部）
投資有価証券　150	（純資産の部）
	その他の包括利益累計額　50

連結包括利益計算書（単位：千円）

その他の包括利益
その他有価証券評価差額金　30

第8章　連結財務諸表　*113*

用される。**関連会社**とは，子会社ではないが，人事，資金，技術などの関係を
通じて，財務および営業方針に重要な影響を与えることができる会社である。
このように，実質的な影響力の有無に基づいて，関連会社に該当するか否かを
判定する基準は**影響力基準**という。次のような事実が認められる場合は，原則
としてその企業は関連会社に該当する。

① 　子会社以外の会社の議決権の20％以上を実質的に所有している場合

② 　子会社以外の会社の議決権の15％以上20％未満を実質的に所有しており，
かつ一定の要件（たとえば，当該会社の財務や事業の方針決定に対して重要な
影響を与えることができること）に該当する場合

③ 　自己の意思と同一の内容の議決権を行使すると認められる者などが所有
している議決権と合わせて，子会社以外の会社の議決権の20％以上を実質
的に所有し，かつ一定の要件に該当する場合

以下では，投資会社を親会社，被投資会社を関連会社として説明する。

5.3　持分法の会計処理

（1）　関連会社が当期純利益（または当期純損失）を計上した場合

関連会社が当期純利益を計上した場合，当期純利益のうち投資会社の持分に
相当する額について，関連会社株式に加算するとともに，**持分法による投資利
益**（営業外収益）を計上する。

例題8－6

① 　前期末（X1年3月31日）に，P社は，A社の議決権の30％を300千円で取
得し，A社を関連会社とした。

② 　当期（X1年4月1日からX2年3月31日まで）において，A社は当期純利
益200千円を計上した。

このとき，当期のP社の個別貸借対照表および連結財務諸表には，次のように
計上される。

```
P社の個別貸借対照表（単位：千円）

（資産の部）
関係会社株式        300  ◀── 個別貸借対照表上は，取得原価で計上する

連結貸借対照表（単位：千円）

（資産の部）
関係会社株式        360  ◀── 300千円＋200千円（A社の当期純利益）×30％

連結損益計算書（単位：千円）

営業外収益
  持分法による投資利益    60  ◀── 200千円（A社の当期純利益）×30％
```

逆に，関連会社が当期純損失を計上した場合，当期純損失のうち投資会社の持分に相当する額について，関連会社株式から減算するとともに，**持分法による投資損失**（営業外費用）を計上する。

（2） 関連会社から配当金を受け取った場合

　親会社が関連会社から配当金を受け取った場合，その配当金に相当する額について，受取配当金を消去するとともに，関連会社株式の評価額を減少させる。その理由は，次のとおりである。まず，親会社の個別財務諸表では，関連会社から受け取った配当金は受取配当金として利益計上されており，さらに持分法による投資利益を計上すると，利益の二重計上になってしまうので，受取配当金を消去する必要がある。また関連会社が配当を行うと，その関連会社の利益剰余金が減少し，親会社の持分額も減少するから，投資額である関連会社株式を減額する必要がある。

　たとえば，【例題8－6】で，P社（親会社）がA社（関連会社）から期中に配当20千円を受け取っていたとすると，受取配当金20千円を計上した後で，持分法による投資利益60千円を計上すると，20千円分の利益が二重計上になってしまう。そこで，受取配当金と投資額（関連会社株式）を減額するのである。

第8章　連結財務諸表　*115*

> ### 例題8-7
> ①　前期末（X1年3月31日）に，P社は，A社の議決権の30％を300千円で取得し，A社を関連会社とした。
> ②　当期（X1年4月1日からX2年3月31日）に，P社は，受取配当金100千円を計上した。このうちA社からの配当金は20千円である。
>
> 　このとき，当期のP社の個別財務諸表および連結財務諸表には，次のように計上される。
>
> P社の個別貸借対照表（単位：千円）
>
> | （資産の部） | |
> | --- | --- |
> | 関係会社株式 | 300 |
> ←個別貸借対照表上は，取得原価で計上する。
>
> P社の個別損益計算書（単位：千円）
>
> | 営業外収益 | |
> | --- | --- |
> | 　受取配当金 | 100 |
>
> 連結貸借対照表（単位：千円）
>
> | （資産の部） | |
> | --- | --- |
> | 関係会社株式 | 280 |
> ←300千円－20千円
>
> 連結損益計算書（単位：千円）
>
> | 営業外収益 | |
> | --- | --- |
> | 　受取配当金 | 80 |
> ←100千円－20千円

6 セグメント情報

6.1　セグメント情報の意義

　連結財務諸表を作成することにより，企業集団全体としての財務内容を把握することができる。しかし，まったく異なる事業を行っている会社を連結させると，企業集団全体の財務内容に関する判断について誤解が生じる可能性がある。したがって，企業が多角化したり多国籍化したりしている場合は，企業内の部門ごとの売上高や利益情報を開示することは，ステークホルダーにとって有用である。このような部門ごとの情報を**セグメント情報**という。

6.2　報告セグメントの決定と開示情報

　セグメント情報の作成にあたっては，まず**マネジメント・アプローチ**を用いて，企業の構成単位のうち一定の要件をすべて満たす**事業セグメント**を識別する。マネジメント・アプローチとは，企業の経営者が意思決定や業績評価において使用する構成単位を基礎として情報を開示する方法である。次に識別された事業セグメントの中から，量的基準にしたがって**報告セグメント**（報告すべきセグメント）を決定する（**図表8−10**）。

[図表8−10]　報告セグメントの決定

```
          企業の構成単位
              │ ……マネジメント・アプローチの適用
          事業セグメントの決定
              │ ……量的基準の適用
          報告セグメントの決定
```

　企業は，報告セグメントついて，次のような情報を開示する必要がある。
(1)　報告セグメントの概要
(2)　報告セグメントの利益または損失，資産，負債およびその他の重要な項目の金額とその測定方法に関する事項
(3)　開示する項目の合計額とこれに対応する財務諸表計上額との差異調整に関する事項

　たとえば，（株）ニトリホールディングスのセグメント情報（2023年4月1日〜2024年3月31日）は，次のとおりである。

(単位:百万円)

	報告セグメント			調整額 (注)1, 3	連結財務諸表 計上額(注)2
	ニトリ事業	島忠事業	計		
売上高					
店舗売上	657,446	109,514	766,960	―	766,960
通販売上	88,544	778	89,323	―	89,323
その他	22,210	261	22,471	―	22,471
顧客との契約から生じる収益	768,201	110,554	878,756	―	878,756
その他の収益(注)4	8,634	8,409	17,043	―	17,043
外部顧客への売上高	776,835	118,964	895,799	―	895,799
セグメント間の内部売上高又は振替高	8,568	299	8,868	△8,868	―
計	785,404	119,263	904,668	△8,868	895,799
セグメント利益	125,075	2,108	127,184	541	127,725
セグメント資産	1,002,045	250,763	1,252,808	△14,128	1,238,679
その他の項目					
減価償却費	22,723	4,387	27,111	―	27,111
のれんの償却額	―	2,559	2,559	―	2,559
持分法適用会社への投資額	21,443	―	21,443	―	21,443
有形固定資産及び 　無形固定資産の増加額	119,402	12,743	132,146	―	132,146

(注)1.セグメント利益の調整額541百万円は,セグメント間取引の消去であります。
　　2.セグメント利益は,連結損益計算書の営業利益と調整を行っております。
　　3.セグメント資産の調整額△14,128百万円は,セグメント間取引の消去であります。
　　4.その他の収益は,「リース取引に関する会計基準」の範囲に含まれる不動産賃貸収入等であります。

 在外子会社等の財務諸表項目の換算

　連結財務諸表の作成または持分法の適用にあたっては,在外子会社(外国にある子会社)または在外関連会社(外国にある関連会社)の外国通貨で表示されている財務諸表項目を円換算する必要がある。

　在外子会社等の財務諸表項目の換算には**決算日レート法**が適用される。決算日レート法では,一部の項目を除き,決算日のレートで在外子会社等の財務諸表項目を円換算する。在外子会社等の財務諸表項目の換算基準をまとめると,**図表8-11**のようになる。

　在外子会社等の財務諸表項目の換算にあたって,項目ごとに異なるレートが適用されるので,換算差額が生じる。貸借対照表において生じた換算差額は,連結貸借対照表の純資産の部に**為替換算調整勘定**として計上する。

[図表８－11]　在外子会社等の財務諸表項目の換算基準

財務諸表項目	適用範囲		換算基準
資産と負債	在外子会社等の資産と負債		決算日のレート（CR）
純　資　産	①　親会社による株式の取得時における項目		株式取得時のレート（HR）
	②　親会社による株式の取得後に生じた項目		その項目の発生時のレート（HR）
収益と費用	①　親会社以外との取引		原則：期中平均レート（AR） 容認：決算日のレート（CR）
	②　親会社との取引		親会社が換算に使うレート

HR：historical rate　　　CR：current rate　　　AR：average rate

例題８－８

　P社（親会社）とS社（在外子会社）の貸借対照表に基づいて，円建ての連結貸借対照表を作成しなさい。S社は，P社の完全子会社である。

　　P社がS社の株式を取得したときの為替レートは１ドル150円

　　決算時の為替レートは１ドル154円

P社貸借対照表（単位：円）

諸　資　産	480,000	諸　負　債	360,000
S 社 株 式	60,000	資　本　金	180,000
	540,000		540,000

S社貸借対照表（単位：ドル）

諸　資　産	2,000	諸　負　債	1,600
		資　本　金	400
	2,000		2,000

解　答

連結貸借対照表（単位：円）

諸　　資　　産	788,000	諸　　負　　債	606,400
		資　　本　　金	180,000
		為替換算調整勘定	1,600
	788,000		788,000

諸資産：480,000円＋2,000ドル×154円＝788,000円

諸負債：360,000円＋1,600ドル×154円＝606,400円

資本金：P社の資本金180,000円

為替換算調整勘定：788,000円－（606,400円＋180,000円）＝1,600円

第8章　連結財務諸表　*119*

● 　 　 ● 　 　 ●

■**練習問題1**（「2．連結貸借対照表」の問題）

　次の問に答えなさい。

(1)　P社は，S社の議決権の100％を600千円で取得し，支配を獲得した。支配獲得日におけるS社の諸資産の金額は700千円，諸負債の金額は200千円である。このとき生じるのれんの金額を求めなさい。

(2)　次の資料に基づいて，連結貸借対照表を作成しなさい。

　　①　P社は，S社の議決権の80％を140千円で取得し，支配を獲得した。

　　②　支配獲得日におけるP社とS社の貸借対照表は，以下に示すとおりである。なお，S社の諸資産の時価は300千円，諸負債の時価は帳簿価額と同じで130千円である。

P社の貸借対照表（単位：千円）

諸　資　産	460	諸　負　債	290
S　社　株　式	140	資　本　金	180
		利益剰余金	130
	600		600

S社の貸借対照表（単位：千円）

諸　資　産	250	諸　負　債	130
		資　本　金	90
		利益剰余金	30
	250		250

連結貸借対照表（単位：千円）

諸　　資　　産	（　　　）	諸　　負　　債	（　　　）
（　　　　　）	（　　　）	資　　本　　金	（　　　）
		利　益　剰　余　金	（　　　）
		（　　　　　）	（　　　）
	（　　　）		（　　　）

➡ **解答は194ページ**

■**練習問題2**（「3．連結損益計算書」の問題）

　次の資料に基づいて，連結損益計算書を作成しなさい。

　　①　前期末（X1年3月31日）に，P社はS社の議決権の80％を取得して，支配を獲得した。

　　②　当期（X1年4月1日からX2年3月31日まで）のP社とS社の個別損益計算書は，以下のとおりである。

③　P社の売上高のうち700千円は，S社に対する売上高である。S社は，この商品をすべて企業集団外部に売却済みである。

④　P社の受取利息のうち60千円はS社から受け取ったものである。

P社とS社の個別損益計算書（単位：千円）

	P社	S社
売上高	6,000	2,800
売上原価	3,500	1,800
売上総利益	2,500	1,000
販売費及び一般管理費	750	550
営業利益	1,750	450
営業外収益		
受取利息	130	50
営業外費用		
支払利息	180	100
税引前当期純利益	1,700	400
法人税等合計	510	120
当期純利益	1,190	280

連結損益計算書（単位：千円）

売上高	（　　　）
売上原価	（　　　）
売上総利益	（　　　）
販売費及び一般管理費	（　　　）
営業利益	（　　　）
営業外収益	
受取利息	（　　　）
営業外費用	
支払利息	（　　　）
税金等調整前当期純利益	（　　　）
法人税等合計	（　　　）
当期純利益	（　　　）
非支配株主に帰属する当期純利益	（　　　）
親会社株主に帰属する当期純利益	（　　　）

➡ 解答は195ページ

■**練習問題3**（「5．持分法」の問題）

(1)　次の文章の（　）内に入る適切な語句を答えなさい。

　1．ある会社が関連会社に該当するか否かは（①）基準により決定する。

　2．連結財務諸表の作成にあたって，関連会社には（②）法が適用される。

　3．関連会社が計上した当期純利益のうち親会社持分に相当する金額は，連結損益計算書では（③）として計上される。

(2)　次の資料に基づいて，連結貸借対照表に計上される関係会社株式の金額と，連結損益計算書に計上される持分法による投資利益の金額を答えなさい。

　1．P社は，前期末（X1年3月31日）にA社の議決権の30％を500千円で取得し，A社を関連会社とした。

第8章　連結財務諸表　*121*

2．A社は，当期（X1年4月1日からX2年3月31日まで）において，当期純利益200千円を計上した。

3．P社は，当期にA社から配当金120千円を受け取った。

関係会社株式（　①　）千円　持分法による投資利益（　②　）千円

➡ 解答は195ページ

■**練習問題4**（「6．セグメント情報」,「7．在外子会社等の財務諸表項目の換算」の問題）

(1)　次の文章の（　）内に入る適切な語句を答えなさい。

1．セグメント情報を作成するにあたっては，（①）・アプローチを用いて（②）セグメントを識別し，さらに量的基準にしたがって（③）セグメントを決定する。

2．在外子会社等の財務諸表項目の換算には（④）法が適用される。換算の結果，貸借対照表において生じた換算差額は（⑤）として連結貸借対照表の純資産の部に計上する。

(2)　P社（親会社）とS社（在外子会社）の貸借対照表に基づいて，円建ての連結貸借対照表を作成しなさい。なお，S社はP社の完全子会社である。

P社がS社の株式を取得したときの為替レート　　1ドル154円

決算時の為替レート　　1ドル157円

P社貸借対照表（単位：円）

諸　資　産	326,800	諸　負　債	257,600
S社株式	30,800	資　本　金	100,000
	357,600		357,600

S社貸借対照表（単位：ドル）

諸　資　産	1,800	諸　負　債	1,600
		資　本　金	200
	1,800		1,800

連結貸借対照表（単位：円）

諸　　資　　産	（　　　）	諸　　負　　債	（　　　）
		資　　本　　金	（　　　）
		為替換算調整勘定	（　　　）
（　　　）		（　　　）	

➡ 解答は195ページ

123

第9章

税効果会計

学習のポイント

会計上の収益・費用と税務上の益金・損金の
関係／税効果会計の手続き／繰延税金資産・
繰延税金負債

1 法人に課される税金

1.1 税金の分類

　法人に課される税金（消費税を除く）は，第6章でも一部説明したとおり，**図表9－1**のように分類できる。

[図表9－1]　**法人に課される税金の具体例**

対象となる税金	損益計算書上の表示科目	損益計算書上の表示区分
法人税, 住民税の一部, 事業税の一部	法人税, 住民税及び事業税	税引前当期純利益の後
不動産取得税, 固定資産税, 住民税の一部, 事業税の一部	租税公課	販売費及び一般管理費

　法人税は，企業の所得に対して課税される税金である。住民税や事業税にも企業の所得に対して課税される部分が含まれている。そのため，法人税に住民税および事業税の一部を加えたものを**法人税，住民税及び事業税（法人税等**と略される）という。このうち本章で説明するのは，法人税等である。

1.2 法人税等の申告納付

　法人税等は，事業年度途中の**中間申告**と事業年度終了後の**確定申告**において

申告納付される。たとえば，中間申告で法人税等を400千円納付し，確定申告で当該事業年度の法人税等が720千円と確定したとする。この場合，中間申告で400千円は納付済みなので，確定申告では320千円を納付する。この320千円については，次期に支払いが行われるまで，貸借対照表の流動負債の部に未払法人税等として計上される。損益計算書の法人税等には，確定した720千円が計上される。したがって，税引前当期純利益を2,400千円とすると，貸借対照表と損益計算書には，次のように計上される。

貸借対照表（単位：千円）

（資産の部）	（負債の部）	
	流動負債	
	未払法人税等	320
	（純資産の部）	

損益計算書（単位：千円）

･･･････	
税引前当期純利益	2,400
法人税，住民税及び事業税	720
当期純利益	1,680

2　会計と税務の相違

2.1　税引前当期純利益と税金の対応

図表９－２で示されているＡ社とＢ社の税引前当期純利益と当期純利益をよく見てほしい。

[図表９－２]　税引前当期純利益と当期純利益

	A社	B社
税引前当期純利益	400千円	400千円
法人税等	280千円	160千円
当期純利益	120千円	240千円

両社の税引前当期純利益は同じだが，当期純利益はＢ社のほうが大きい。このように，税引前当期純利益が同じであっても，法人税等の金額が異なり，それゆえ当期純利益が異なることがある。

その理由は，法人税等が会計上の利益ではなく法人税法上の課税所得をもとに計算されているからである。**課税所得**とは，法人税法上の各課税年度の所得であり，当期純利益に一定の調整を行って算定される。したがって，会計上の当期純利益の金額と税務上の課税所得は異なる。このように，確定した会計上の利益に一定の調整を行って課税所得を算出する方法を**確定決算主義**という。

2.2　収益と益金，費用と損金

会計上の利益，税務上の課税所得および法人税等の算定方法は，次のように示すことができる。

　　会　　計：収益－費用＝利　　益
　　税　　務：益金－損金＝課税所得
　　法人税等：課税所得×税率

法人税法上の益金と損金の計算は，一般に公正妥当と認められる会計処理の基準に従うとされているが，それとは異なる計算が行われる項目もある。その理由は，企業会計の目的と法人税法の目的が異なるからである。企業会計の目的は，投資家などへの情報提供であり，費用は予測可能な限り計上する（たとえば，貸倒引当金繰入や減損損失）。これに対して，法人税法の目的は，公平な税負担や課税の実現であり，費用は確定するまで計上されないことが多い。このような目的の相違により，会計上の収益・費用と法人税法上の益金・損金は異なる。この結果，利益と課税所得も異なる。

会計上の収益・費用と法人税法上の益金・損金の関係を表したものが**図表9－3**である。

益金算入（**損金算入**）とは，会計上は収益（費用）として計上されていないが，税務上は益金（損金）に算入することである。一方，**益金不算入**（**損金不算入**）とは，会計上は収益（費用）として計上されているが，税務上は益金（損金）に算入しないことである。具体的内容については，3.2「永久差異と一時差異」で説明している。

会計上と税務上ではこのような差異があるので，税引前当期純利益と法人税等を対応させるために，次で説明する税効果会計が必要とされる。

[図表9－3] 収益と益金，費用と損金の関係

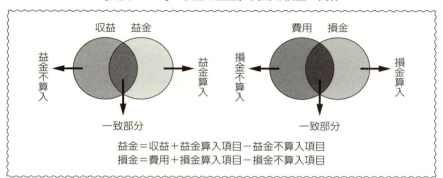

益金＝収益＋益金算入項目－益金不算入項目
損金＝費用＋損金算入項目－損金不算入項目

3 税効果会計

3.1 税効果会計の意義

　税効果会計とは，法人税等の金額を適切に期間配分し，税引前当期純利益と法人税等を対応させるための会計処理である。税効果会計を用いない場合，法人税等は会計上の利益とは対応関係になく，課税所得をもとに決定された金額を示すにすぎない。会計と税務の相違を調整し，その相違が当期および将来に与える影響を示すのが税効果会計である。

3.2 永久差異と一時差異

　会計上の収益・費用と税務上の益金・損金の差異は，次の2つに分類される。

(1) 永久差異

　永久差異とは，会計上は収益または費用として計上されるが，税務上は永久に益金または損金に算入されない差異である（**図表9－4**）。永久差異は将来解消することがないので，税効果会計の対象外である。

第9章　税効果会計　*127*

[図表9−4]　永久差異の具体例

	企業会計	法人税法
交際費（一部）	販売費および一般管理費	損金不算入
受取配当金（一部）	営業外収益	益金不算入

　懇親目的の飲み会などで生じた交際費については，一部を除いて，損金に算入できない。配当金については，支払側の企業において法人税が課された後の利益から支払われており，受取側の配当金に税金を課すと二重課税（単一の利益に対して二重に課税される）になってしまう。この二重課税を防ぐために，法人税法では，受取配当金の一部を益金不算入としている。

（2）　一時差異

　一時差異とは，会計上で収益または費用として計上する時期と，税務上で益金または損金として計上する時期が一時的にずれることなどによって生じる差異である。一時差異は将来に解消するので，税効果会計の対象である。したがって，以下では，一時差異を中心に説明する。

3.3　一時差異の解消プロセス

　会計上と法人税法上との間で差異が生じ，解消するとはどういうことだろうか。たとえば，第1期に100千円で仕入れた商品の第1期末における正味売却価額が60千円に下落し，この商品を第2期に60千円で販売した場合を考えてみる。会計上は第1期に商品評価損を計上するのに対して，法人税法上は第1期に商品評価損を計上できないことがある。一時差異の解消プロセスを図示したものが，**図表9−5**である。

[図表9-5] 一時差異の解消プロセス

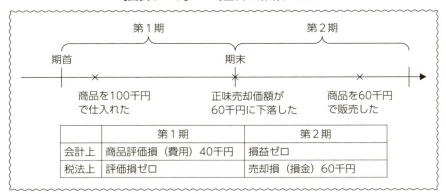

 このように，費用と損金の計上時期に差異が生じるが，第1期と第2期を合わせると費用と損金は同額になる。第1期において一時的に差異が生じるが，第2期において差異が解消されるので，このような差異を一時差異という。

3.4 一時差異の分類

 一時差異は，将来減算一時差異と将来加算一時差異に分類される。

(1) 将来減算一時差異

 将来減算一時差異とは，差異の解消時において，課税所得を減少させる効果をもつ差異である。将来減算一時差異が将来の納税額を減少させるというのは，当期に前払いした税金が将来に減額されることを意味する。したがって，税金の前払分については，損益計算書では法人税等調整額を通じて当期の法人税等

> **Column18■損金算入限度超過額がある場合の利益と課税所得の関係**
>
> 会計上の収益は100千円，費用は70千円，利益は30千円とする。この費用のうち10千円が損金算入されなかった（つまり，損金算入限度超過額は10千円ある）とすると，税法上の益金は100千円，損金は60千円，課税所得は40千円になる。このように，損金算入限度超過額がある場合，その分だけ税法上の損金は会計上の費用より小さくなるので，課税所得は利益より大きくなる。

から減算するとともに，貸借対照表では**繰延税金資産**として投資その他の資産の区分に計上する。繰延税金資産や（2）で説明する繰延税金負債は，一時差異に（法定）**実効税率**を乗じて算定される。実効税率は，課税所得に対する法人税等の総合的な税率をいう。

（2）　将来加算一時差異

　将来加算一時差異とは，差異の解消時において，課税所得を増加させる効果をもつ差異である。将来加算一時差異が将来の納税額を増加させるというのは，当期に後払いとした税金が将来に増額されることを意味する。したがって，税金の後払分については，損益計算書では法人税等調整額を通じて当期の法人税等に加算するとともに，貸借対照表では**繰延税金負債**として固定負債の区分に計上する。

　2つの一時差異をまとめると，**図表9－6**のようになる。

[図表9－6]　2つの一時差異

	将来減算一時差異	将来加算一時差異
税効果	将来の税金が減少する	将来の税金が増加する
具体例	貸倒引当金損金算入限度超過額 賞与引当金損金不算入額 減価償却費損金算入限度超過額 減損損失 資産の時価評価に伴なう評価差損	資産の時価評価に伴なう評価差益
損益計算書	前払分を当期の法人税等から減算	未払分を当期の法人税等に加算
貸借対照表	前払分を繰延税金資産として計上	未払分を繰延税金負債として計上

　なお，その他有価証券評価差額金は損益計算書には影響しないので法人税等調整額は生じないが，税法上は時価評価が認められていないため，その他有価証券の会計上の帳簿価額と税法上の帳簿価額に差異が生じる。したがって，この差異（将来加算一時差異）について税効果会計を適用する。たとえば，保有しているその他有価証券（取得原価100千円，期末時価120千円）について，法人税等の実効税率を30％として全部純資産直入法により評価替えを行うと，貸借

対照表には次のように計上される。

貸借対照表（単位：千円）

（資産の部）		（負債の部）		
投資有価証券	120	繰延税金負債	6	← (120－100)×30%
		（純資産の部）		
		その他有価証券評価差額金	14	← (120－100)－6

例題9－1

　以下の資料に基づいて，税効果会計を適用した場合の第1期の損益計算書と貸借対照表，第2期の損益計算書を示しなさい（税効果会計にかかる部分のみ）。なお，実効税率は30％とする。

（第1期）

・税引前当期純利益は1,000千円である。

・会計上で計上した貸倒引当金繰入300千円は，法人税法上の損金として認められなかった（したがって，第1期の課税所得は1,300千円である）。

（第2期）

・税引前当期純利益は1,000千円である。

・貸倒れに係る300千円が，法人税法上の損金として認められた。会計上は第1期に貸倒引当金繰入300千円を計上している（したがって，第2期の課税所得は700千円である）。

- -

解　答

第1期損益計算書（単位：千円）

税引前当期純利益	1,000
法人税，住民税及び事業税	390 ^(注1)
法人税等調整額	△90 ^(注2)
法人税等合計	300
当期純利益	700

（注1）　課税所得1,300千円×30％
（注2）　300千円×30％

第9章　税効果会計　*131*

第1期貸借対照表（単位：千円）

（資産の部）	（負債の部）
投資その他の資産	
繰延税金資産　　　90	（純資産の部）

第2期損益計算書（単位：千円）

税引前当期純利益	1,000
法人税，住民税及び事業税	210 (注3)
法人税等調整額	90
法人税等合計	300
当期純利益	700

（注3）　課税所得700千円×30%

　税効果会計を適用した場合，第1期に課税される税金のうち90千円は前払分である。したがって，損益計算書では，第1期は法人税等調整額90千円を法人税，住民税及び事業税から減算し，第2期は逆に加算する。この調整により，第1期，第2期とも負担税率は30%（＝法人税等合計300千円÷税引前当期純利益1,000千円）になる。

3.5　繰延税金資産・負債の分類と表示

　繰延税金資産は投資その他の資産の区分に表示し，繰延税金負債は固定負債の区分に表示する。同一納税主体の繰延税金資産と繰延税金負債は，双方を相殺して表示する。たとえば，A社における繰延税金資産と繰延税金負債は，相殺して表示する。しかし，第8章で説明した連結財務諸表において，企業集団内のA社の繰延税金資産と，B社の繰延税金負債は，相殺せずに表示する。課税は原則として法人ごとに行われる（連結納税制度などの例外もある）ので，同一の企業集団内であっても異なる法人であれば，別個に課税されるからである。

例題9−2

　企業集団内のA社とB社それぞれについて，次の繰延税金資産と繰延税金負債がある場合，連結貸借対照表ではどのように表示されるか示しなさい。

	繰延税金資産	繰延税金負債
A社に関連するもの	300千円	180千円
B社に関連するもの	200千円	500千円

解　答

連結貸借対照表（単位：千円）

（資産の部）	（負債の部）
投資その他の資産	固定負債
繰延税金資産　　　120	繰延税金負債　　　300
	（純資産の部）

　A社に関連する繰延税金資産300千円と繰延税金負債180千円を相殺し，投資その他の資産の部に繰延税金資産120千円を計上する。

　B社に関連する繰延税金資産200千円と繰延税金負債500千円を相殺し，固定負債の部に繰延税金負債300千円を計上する。

Column19■繰越欠損金にかかる税効果

　法人税法上，赤字（損失）を一定期間繰り越して将来の黒字（利益）と相殺できる制度がある。法人税法では，前期以前から繰り越されてきた赤字を**繰越欠損金**という。これにより，黒字が生じても繰越欠損金と相殺され，法人税等の支払が減額されることがある。繰越欠損金は将来の税額を減少させる効果があるので，税効果会計の対象である。

3.6 繰延税金資産の回収可能性

　繰延税金資産を計上できるのは，将来税金を支払うときに，繰延税金資産分だけ課税の減額が見込めるからである。したがって，将来の税金を減額する効果がある分，すなわち回収可能性が見込まれる分しか繰延税金資産を計上できない。過年度に計上した繰延税金資産についても，回収可能性が見込まれなくなったら，適時に取り崩さなければならない。

　「繰延税金資産を取り崩す」とは，回収可能性が見込まれなくなった分の繰延税金資産を減額することである。その結果，繰延税金資産という資産が減少し，法人税等調整額がプラスとなり，法人税等の金額が増加するので，当期純利益が減少する。

　また，「回収可能性が見込まれなくなる」とは，将来の課税所得が減少し，計上した繰延税金資産に相当するだけの将来の税金の減額が見込めなくなることである。したがって，税効果会計を適用する際には，将来どの程度の課税所得が発生するかを適切に見積もること（スケジューリング）が重要になる（**図表9－7**）。

[図表9－7]　将来の課税所得と当期の繰延税金資産の関係

将来，企業に税金の減額効果が得られるだけの課税所得が生じる
↓
将来，企業が税金を支払う
↓
当期に前払いした分が，将来支払う税金から減額される
↓
当期に，繰延税金資産（税金の前払分）を計上できる。

■**練習問題1** (「1．法人に課される税金」の問題)

　税引前当期純利益が8,500千円，税率が30％，中間納付した法人税等が1,400千円である場合，次の項目の金額を答えなさい。

　　①未払法人税等　　②法人税，住民税及び事業税　　③当期純利益

➡ 解答は196ページ

■**練習問題2** (「2．会計と税務の相違」の問題)

　次の文章の（　）に入る適切な語句を答えなさい。

　1．法人税法上の各課税年度の所得を（①）という。

　2．確定した会計上の利益に一定の調整を行って課税所得を算出する方法は，（②）主義といわれる。

　3．会計上の費用として計上されているが，税法上の損金に算入しないことを（③）という。

➡ 解答は196ページ

■**練習問題3** (「3．税効果会計」の問題)

⑴　次の文章の（　）に入る適切な語句または金額を答えなさい。

　1．会計上の収益・費用と税務上の益金・損金の差異には，税効果会計の対象とならない（①）差異と，対象となる（②）差異がある。②差異のうち，差異の解消時に課税所得を減額する効果をもつ差異を（③）差異という。

　2．会計上の税引前当期純利益が900千円，課税所得が1,000千円の場合（両者の差異はすべて一時差異である），実効税率を30％とすると，繰延税金資産が（④）千円生じる。

⑵　以下の資料に基づいて，税効果会計を適用した場合の第1期の損益計算書と貸借対照表，第2期の損益計算書の（　）に入る金額を求めなさい。法人税等調整額については，控除する場合には金額の頭に△をつけること。なお，実効税率は30％とする。

第9章　税効果会計　*135*

（第1期）

・税引前当期純利益は4,000千円である。

・会計上で計上した貸倒引当金繰入600千円は，法人税法上の損金として認められなかった。

（第2期）

・税引前当期純利益は4,000千円である。

・貸倒れに係る600千円が，法人税法上の損金として認められた。

第1期損益計算書（単位：千円）	
税引前当期純利益	4,000
法人税，住民税及び事業税	（①）
法人税等調整額	（②）
法人税等合計	（③）
当期純利益	（④）

第2期損益計算書（単位：千円）	
税引前当期純利益	4,000
法人税，住民税及び事業税	（⑤）
法人税等調整額	（⑥）
法人税等合計	（⑦）
当期純利益	（⑧）

第1期貸借対照表（単位：千円）

（資産の部）		（負債の部）
投資その他の資産		
繰延税金資産	（⑨）	（純資産の部）

➡ **解答は196ページ**

■**練習問題4**（まとめ問題）

次の文書が正しければ○，誤りであれば×としなさい。

1．永久差異の存在により，繰延税金資産や繰延税金負債が生じる。

2．同一納税主体の繰延税金資産と繰延税金負債は，相殺して表示してはならない。

3．繰延税金負債は，固定負債の区分に表示される。

4．損金不算入項目とは，会計上は費用にならないが，法人税法上は損金になるものである。

5．税効果会計を適用する際には，将来どの程度の課税所得が発生するかを適切に見積もること（スケジューリング）が重要である。

➡ **解答は196ページ**

第10章

財務諸表分析

学習のポイント
財務諸表の分析方法／収益性分析／安全性分析

1 財務諸表分析の意義

　財務諸表分析は，企業の財務諸表のさまざまな数値を用いて，企業の経営状況を客観的に分析することである。ステークホルダー（利害関係者）が自らの意思決定を行うにあたって，企業が公表する財務諸表は重要な資料である。たとえば，投資家は企業が発行した有価証券に投資するかどうか，金融機関をはじめとした債権者は企業へ融資するかどうかの意思決定に際して，企業の財務諸表を利用することができる。

　財務諸表分析の種類には，収益性分析，安全性分析，成長性分析，生産性分析などがあるが，本章では収益性分析と安全性分析を説明する。**収益性分析**は，企業が利益を獲得する能力の分析である。**安全性分析**は，企業が債務（負債）を支払う能力の分析である。一般的には，投資家は投資対象企業の収益性を，債権者は融資先企業の安全性を重視する傾向がある。

2 財務諸表の分析方法

　財務諸表の分析方法には，次のようなものがある。

2.1 実数分析と比率分析

実数分析は，財務諸表の数値をそのまま用いて行う分析であり，売上高や利益などの金額そのものを過年度や他社と比較する分析が該当する。実数分析のメリットは，実際の数値を用いるため，直感的に理解しやすいことである。

比率分析は，財務諸表の数値を比率化して行う分析であり，売上高と利益の比率などを過年度や他社と比較する分析が該当する。比率分析のメリットは，規模が異なる企業間で比較できることである。

財務諸表分析では，比率分析を行うことが一般的であるが，比率分析を行う際でも，実数に注意する必要がある。その理由は，比率分析により今年の来客数は昨年の来客数の2倍（200％）になったという結果を聞くと，数値が激増している印象を受けるが，実数は1人が2人になっただけかもしれないからである。

2.2 時系列分析とクロスセクション分析

時系列分析とクロスセクション分析は，比較という観点からの分析である。

時系列分析は，分析対象企業の当期の数値と過去の数値を比較する方法であり，過去と比べて現在が良くなっているか悪くなっているかを明らかにすることができる。

クロスセクション分析は，同時点において分析対象企業と他企業や業界平均などを比較する方法であり，分析対象企業が他企業や業界平均より良いか悪いかを明らかにすることができる。

2つの分析の内容と注意点は，**図表10－1**に示すとおりである。

第10章　財務諸表分析　*139*

[図表10-1]　時系列分析とクロスセクション分析

分析の種類	内　容	注意点
時系列分析	・分析対象企業の当期の数値と過去の数値を比較する方法である。 ・過去と比べて現在が良くなっているか悪くなっているかが明らかになる。	・分析期間の経済情勢や業界動向も考慮する。 ・分析期間において，会計方針や会計基準の変更を行っているかどうかを確認する。
クロスセクション分析	・同時点において分析対象企業と他企業や業界平均を比較する方法である。 ・分析対象企業が，他企業や業界平均より良いか悪いかを明らかにすることができる。	・分析対象企業と比較する企業は，同一または類似の事業を行っている企業を選ぶ必要がある。 ・分析対象企業と比較する企業で，採用している会計方針や会計基準に違いがあるかを確認する。

2.3　要約財務諸表の例

　3節と4節で説明する各指標の算式は，連結財務諸表を前提としている。また，各指標の計算例は，下記のXYZ株式会社の連結財務諸表を用いている。

（1）　連結貸借対照表（単位：千円）

（資産の部）	X1年 3月31日	X2年 3月31日	（負債の部）	X1年 3月31日	X2年 3月31日
流動資産			流動負債		
現金及び預金	7,400	10,800	支払手形及び買掛金	15,800	14,000
受取手形及び売掛金	17,400	16,900	その他	22,100	21,000
棚卸資産	14,300	12,300	流動負債合計	37,900	35,000
その他	7,100	6,500	固定負債	41,000	43,300
流動資産合計	46,200	46,500	負債合計	78,900	78,300
固定資産			（純資産の部）		
有形固定資産	66,000	64,000	株主資本	47,500	49,100
無形固定資産	2,300	2,200	その他の包括利益累計額	1,800	3,100
投資その他の資産	14,100	18,300	非支配株主持分	400	500
固定資産合計	82,400	84,500	純資産合計	49,700	52,700
資産合計	128,600	131,000	負債及び純資産合計	128,600	131,000

（2） 連結損益計算書（単位：千円）

X1年4月1日からX2年3月31日

売上高		160,900
売上原価		85,100
売上総利益		75,800
販売費及び一般管理費		70,000
営業利益		5,800
営業外収益		
受取利息	290	
その他	370	660
営業外費用		
支払利息	330	
その他	150	480
経常利益		5,980
特別利益		10
特別損失		330
税金等調整前当期純利益		5,660
法人税等合計		2,130
当期純利益		3,530
非支配株主に帰属する当期純利益		30
親会社株主に帰属する当期純利益		3,500

3　収益性分析

3.1　収益性の意義

　収益性は，企業が利益を獲得する能力である。それでは，企業の利益額がそのまま収益性を示すのだろうか。次の数値例で考えてみよう。

	A社	B社
資本額	50億円	50億円
利益額	3億円	5億円

第10章　財務諸表分析　*141*

　両社の資本額（元手の額）は同じだが，利益額は異なっている。この数値例を見たときに，「同じ資本額でありながら，利益額の多いB社の方が効率的に稼いだ」と考える人が多いであろう。つまり，資本額と利益額の両方で収益性を捉えているのである。

　このように，収益性は投下された資本からどれだけ多くの利益が生み出されたか，言い換えれば，利益額と利益獲得に使われた資本額との関係で表される。利益額と資本額の比率は**資本利益率**と呼ばれ，企業の収益性は資本利益率で測定される。

$$資本利益率 = \frac{利益}{資本}$$

　ただし，すでに説明したように，資本と利益にはさまざまな種類がある。分母の資本には総資本（＝負債＋純資産）や自己資本（＝株主資本＋その他の包括利益累計額）などがあり，分子の利益には売上総利益，営業利益，経常利益などがある。企業は資本を活用して利益を稼ぐので，分析の際には，分母の資本と分子の利益の組み合わせが論理的に対応していることが重要である。

Column20■比率にストックとフローの数値を用いる場合の注意点

　資本利益率の分母の資本額は，一定時点におけるストック（貸借対照表項目）である。一方，分子の利益額は，一定期間に獲得したフロー（損益計算書項目）である。フローを生み出すストックの金額は，この一定期間中に変動することがある。そこで，通常，ストックとフローの数値を比率にするときは，ストックは期首と期末の平均値を用いて，フローと対応させる。たとえば，期首の資本額が160万円，期末の資本額が140万円，利益額が9万円であれば，資本利益率＝$\dfrac{9万円}{(160万円＋140万円) \div 2}$＝6％と算定される。

　なお，比率の分母と分子がいずれもフローである場合，またはいずれもストックである場合は，期中平均額ではなく，その数値を用いればよい。

3.2 総資本（総資産）事業利益率（Return on Assets：ROA）

（1） 計 算 式

$$ROA（\%）= \frac{事業利益}{総資本（期中平均）} \times 100$$

総資本＝負債合計＋純資産合計＝資産合計

事業利益＝営業利益＋受取利息＋有価証券利息＋受取配当金

（2） 指標の意味と読み方

　ROAは，使用した資本全体の収益性を表す指標である。ROAの分母には総資本を，分子には**事業利益**を用いる。分子に事業利益を用いる理由は，分母の総資本（資産合計）には貸付金や有価証券などの資産が含まれているので，これらの資産から得た利息や配当金を含めた利益を用いると，資本と利益が対応するからである。ROAは大きいほど収益性が高く，使用した資本全体が効率的に運用されていることを意味する。

（3） 計 算 例

　計算例は，139〜140ページで示されている連結財務諸表を用いている（以下，同じ）。

$$ROA（\%）= \frac{5,800+290}{(128,600+131,000) \div 2} \times 100 = 4.7\%$$

Column21■財務数値のデータベース

　個々の企業の財務数値や利用可能な業種別または業種全体のデータベースには，次のようなものがある。
　① 日本政策投資銀行「産業別財務データハンドブック」
　② 財務省「法人企業統計年報」
　③ 中小企業庁「中小企業実態基本調査」
　④ 株式会社日本経済新聞社「日経NEEDS　Financial QUEST」
　⑤ 株式会社アイ・エヌ情報センター「eol」
　⑥ 日経メディアプロモーション株式会社「日経バリューサーチ」

第10章　財務諸表分析　*143*

3.3　自己資本当期純利益率（Return on Equity：ROE）

（1）　計　算　式

$$\text{ROE}（\%）= \frac{\text{親会社株主に帰属する当期純利益}}{\text{自己資本（期中平均）}} \times 100$$

自己資本＝株主資本＋その他の包括利益累計額

　個別財務諸表を用いるときは，分子には当期純利益，分母の自己資本には株主資本と評価・換算差額等の合計を用いる。

（2）　指標の意味と読み方

　ROEは，出資者たる株主の観点から収益性を表す指標である。したがって，ROEの分母には親会社の株主に帰属する自己資本を，分子には親会社株主に帰属する当期純利益を用いる。ROEは大きいほど収益性が高く，株主から調達した資本が効率的に運用されていることを意味する。

（3）　計　算　例

$$\text{ROE}（\%）= \frac{3,500}{\{(47,500 + 1,800) + (49,100 + 3,100)\} \div 2} \times 100 = 6.9\%$$

3.4　資本利益率の分解

　ROAやROEについて時系列分析やクロスセクション分析を行えば，比率の良否は判断できる。しかし，分析対象企業の比率が過年度や同業他社と比較して，良好または悪化している原因を明らかにすることはできない。これらの原因を明らかにするためには，資本利益率を**売上高利益率**と**資本回転率**の2つの要素に分解するのが有用である。

$$\text{資本利益率} = \frac{\text{利益}}{\text{資本}} = \frac{\text{利益}}{\text{売上高}} \times \frac{\text{売上高}}{\text{資本}}$$
$$= \text{売上高利益率} \times \text{資本回転率}$$

　売上高利益率は利益と売上高の比率であり，資本回転率は売上高と資本の比

率である。ROAやROEを分解すると，数値の改善または悪化の原因が売上高利益率にあるのか，それとも資本回転率にあるのかを特定することができる。

（1） ROAの分解

$$\text{ROA} = \frac{\text{事業利益}}{\text{総資本}} = \frac{\text{事業利益}}{\text{売上高}} \times \frac{\text{売上高}}{\text{総資本}}$$

$$= \text{売上高事業利益率} \times \text{総資本回転率}$$

（2） ROEの分解

$$\text{ROE} = \frac{\text{親会社株主に帰属する当期純利益}}{\text{自己資本}} = \frac{\text{親会社株主に帰属する当期純利益}}{\text{売上高}} \times \frac{\text{売上高}}{\text{自己資本}}$$

$$= \text{売上高当期純利益率} \times \text{自己資本回転率}$$

ROEは，負債と純資産の構成割合の影響を把握する目的で，3つの要素に分解することもできる。財務レバレッジ比率については，Column22で説明し

Column22■財務レバレッジ比率と財務レバレッジ効果

財務レバレッジ比率は，総資本が自己資本の何倍あるかを示したものである。次の数値例をもとに，負債と自己資本の構成割合がROEに及ぼす影響をみてみる。なお，自己資本合計と純資産合計は同額とする。

	A社	B社	C社
①負債合計	0円	50万円	90万円
②自己資本合計（純資産合計）	100万円	50万円	10万円
③総資本（①＋②）	100万円	100万円	100万円
財務レバレッジ比率（③÷②）	1倍	2倍	10倍

負債が少しでもあると，財務レバレッジ比率は1倍よりも大きくなる。したがって，総資本に占める負債の割合が多いほど，ROEの振れ幅を大きくする効果がある。この効果が梃子（lever）の作用に似ているため，財務レバレッジ効果と呼ばれる。

ている。

$$ROE = \frac{親会社株主に帰属する当期純利益}{自己資本}$$

$$= \frac{親会社株主に帰属する当期純利益}{売上高} \times \frac{売上高}{総資本} \times \frac{総資本}{自己資本}$$

$$= 売上高当期純利益率 \times 総資本回転率 \times 財務レバレッジ比率$$

以下では，資本利益率の2つの要素である売上高利益率と総資本回転率について説明する。

3.5 売上高利益率

売上高利益率は，売上高に対する各種利益（売上総利益，営業利益，経常利益など）の割合である（**図表10－2**）。売上高利益率は高いほど，収益性が高いことを意味する。

[図表10－2]　売上高利益率の比較

名　称	計算式	指標の意味と読み方	計算例
売上高総利益率（%）	$\dfrac{売上総利益}{売上高} \times 100$	売上総利益は粗利益ともいわれるので，**粗利益率**ともいう。この比率が高いほど，商品売買の収益性が高いことを意味する。	$\dfrac{75,800}{160,900} \times 100 = 47.1\%$
売上高営業利益率（%）	$\dfrac{営業利益}{売上高} \times 100$	営業利益は，企業の主たる営業活動（本業）から生じた利益なので，この比率が高いほど，本業の収益性が高いことを意味する。	$\dfrac{5,800}{160,900} \times 100 = 3.6\%$
売上高経常利益率（%）	$\dfrac{経常利益}{売上高} \times 100$	経常利益は，企業の経常的な活動から生じた利益なので，この比率が高いほど，経常活動の収益性が高いことを意味する。	$\dfrac{5,980}{160,900} \times 100 = 3.7\%$

3.6 資本回転率

（1） 総資本回転率

① 計算式

$$総資本回転率（回）=\frac{売上高}{総資本（期中平均）}$$

② 指標の意味と読み方

総資本回転率は，企業の総資本の何倍の売上高があったかを表し，資本運用の効率性を表す指標である。総資本が回転して働いた結果，売上高につながったとみるため，回転率という言葉を使うが単位は○回となる。たとえば，100千円の総資本で200千円の売上高を生み出した場合，総資本回転率は200千円÷100千円＝2回になり，総資本が2回転したことを表す。総資本回転率は大きいほど，資本が効率的に活用され，売上高に結びついていることを意味する。

③ 計算例

$$総資本回転率（回）=\frac{160,900}{(128,600+131,000)÷2}=1.2回$$

資本回転率については，投下資本の具体的運用である資産や負債の回転状況を分析することもできる。受取手形や売掛金などの売上債権，商品や製品などの棚卸資産，支払手形や買掛金などの仕入債務について回転状況を分析すれば，経営上の問題点を明らかにすることができる。

（2） 売上債権回転期間

① 計算式

$$売上債権回転期間（日）=\frac{売上債権（期中平均）}{売上高}×365$$

売上債権＝受取手形＋売掛金

② 指標の意味と読み方

売上債権回転期間は，手形や掛けで商品を販売してからその売上債権を回収するまでの日数を表す指標である。たとえば，売上債権回転期間が42日であれば，売上債権が発生してから回収するまでに（平均して）42日かかることを意

味する。売上債権回転期間は短いほど，短期間で売上債権を回収できていることになり，資金繰りの観点からは良いと判断できる。

③　計算例

$$
売上債権回転期間（日）＝\frac{(17,400＋16,900)÷2}{160,900}×365＝39日
$$

（3）　棚卸資産回転期間

①　計算式

$$
棚卸資産回転期間（日）＝\frac{棚卸資産（期中平均）}{売上原価}×365
$$

棚卸資産＝商品及び製品＋仕掛品＋半製品＋原材料及び貯蔵品

②　指標の意味と読み方

棚卸資産回転期間は，商品を仕入れてから（または製品を製造してから）販売するまでの日数を表す指標である。たとえば，棚卸資産回転期間が36日であれば，商品を仕入れてから販売するまでに（平均して）36日かかることを意味する。

棚卸資産回転期間は短いほど，商品が短期間の間に販売されていると判断できる。ただし，次の点に留意する必要がある。通常，棚卸資産回転期間は短い方が良いが，在庫不足にならない程度の棚卸資産は必要である。その理由は，在庫を極端に少なくすると，在庫がないために本来得られていたはずの販売機会を逃し，機会損失が発生してしまうからである。一方，過剰に在庫を保有すると，保管料などの在庫管理費用もかかり，経営に悪い影響を与える。

③　計算例

$$
棚卸資産回転期間（日）＝\frac{(14,300＋12,300)÷2}{85,100}×365＝57日
$$

（4）　仕入債務回転期間

①　計算式

$$
仕入債務回転期間（日）＝\frac{仕入債務（期中平均）}{売上原価}×365
$$

仕入債務＝支払手形＋買掛金

② 指標の意味と読み方

仕入債務回転期間は，手形や掛けで商品を仕入れてからその仕入債務を支払うまでの日数を表す指標である。たとえば，仕入債務回転期間が30日であれば，仕入債務が発生してから支払うまでに（平均して）30日かかることを意味する。仕入債務回転期間は長いほど，支払い期間を延ばすことができていることになり，資金繰りの観点からは良いと判断できる。

③ 計算例

$$仕入債務回転期間（日）＝\frac{(15,800＋14,000)÷2}{85,100}×365＝64日$$

売上債権回転期間，棚卸資産回転期間，仕入債務回転期間の3つの関係は，**図表10－3**のようになる。

Column23■キャッシュ・コンバージョン・サイクル（CCC）

キャッシュ・コンバージョン・サイクル（Cash Conversion Cycle：**CCC**）とは，企業が原材料や商品仕入などへ現金を投入してから最終的に現金化されるまでの日数である。CCCは短いほど，現金が効率的に運用され，少ない資金で企業経営が行えていることを表している。CCCは，すでに説明した3つの指標を用いて，次の算式で求めることができる。

CCC＝売上債権回転期間＋棚卸資産回転期間－仕入債務回転期間

たとえば，売上債権回転期間が42日，棚卸資産回転期間が36日，仕入債務回転期間が30日の場合，CCC＝42日＋36日－30日＝48日になる。これは，48日間にわたり手元の現金が減っている状態であることを意味する（下図を参照）。

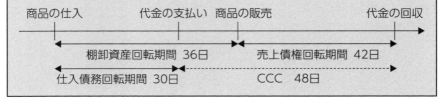

[図表10－3] 売上債権回転期間，棚卸資産回転期間，仕入債務回転期間の関係

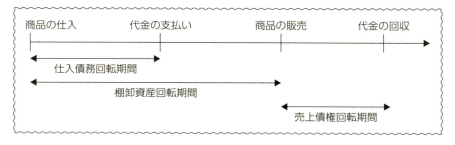

4 安全性分析

4.1 安全性の意義

安全性は，企業が債務（負債）を返済する能力である。本章では，安全性分析を**図表10－4**のように分類し，それぞれの指標について説明する。

[図表10－4] 安全性分析の分類

返済までの期間	着目点	代表的な指標
短期的な安全性分析		流動比率，当座比率
長期的な安全性分析	資金の調達源泉	負債比率，自己資本比率
	固定資産への投資源泉	固定比率，固定長期適合率
その他	利息の支払い能力	インタレスト・カバレッジ・レシオ

4.2 流動比率と当座比率

流動比率と当座比率は，企業の短期的な債務返済能力を表す指標である。

(1) 流動比率
① 計算式

$$流動比率（\%）= \frac{流動資産}{流動負債} \times 100$$

② 指標の意味と読み方

　流動資産は，通常の営業循環過程にある，または決算日の翌日から1年以内に現金化できる資産である。流動負債は，通常の営業循環過程にある，または決算日の翌日から1年以内に返済する負債である。したがって，大まかにいうと，流動比率は，1年以内に現金化が予定される流動資産が1年以内に支払いを要する流動負債の何倍あるかを表す指標である。

　流動比率は高いほど，短期的な安全性が高いことを意味するが，次の点に注意が必要である。まず，流動資産には，支払手段の高い現金預金もあれば，販売しなければ現金化されないため支払手段の低い棚卸資産もあるため，流動比率の高い企業の方が低い企業よりも支払能力が高いとは必ずしもいえない点である。次に，流動比率は，極端に高い数値が望ましいわけではない点である。なぜならば，現金預金をはじめとした流動資産を多く持てば安全性は高まるが，資金が効率的に活用されていない面もあり，収益性が損なわれるからである。

③ 計算例

$$\text{流動比率（\%）} = \frac{46,500}{35,000} \times 100 = 132.9\%$$

（2）　当座比率

① 計算式

$$\text{当座比率（\%）} = \frac{\text{当座資産}}{\text{流動負債}} \times 100$$

当座資産＝現金預金＋受取手形＋売掛金＋有価証券

② 指標の意味と読み方

　当座比率は，流動資産のうち特に現金化しやすい**当座資産**が流動負債の何倍あるかを表す指標である。当座比率は高いほど，短期的な安全性が高いことを意味する。

③ 計算例

$$\text{当座比率（\%）} = \frac{10,800 + 16,900}{35,000} \times 100 = 79.1\%$$

第10章　財務諸表分析　*151*

4.3　負債比率と自己資本比率

　負債比率と自己資本比率は，資金の調達源泉に着目した企業の長期的な債務返済能力を表す指標である。負債は元本と利息の返済義務があるが，自己資本は返済義務がない資金なので，調達資金に占める負債の割合が大きいほど安全性は低いといえる。

（1）　負債比率

　① 　計算式

$$負債比率（\%）= \frac{負債}{自己資本} \times 100$$

　　　　自己資本＝株主資本＋その他の包括利益累計額

　② 　指標の意味と読み方

　負債比率は，負債が自己資本の何倍あるかを表す指標である。負債比率は高いほど，長期的な安全性が低いことを意味する。

　③ 　計算例

$$負債比率（\%）= \frac{78,300}{49,100+3,100} \times 100 = 150.0\%$$

（2）　自己資本比率

　① 　計算式

$$自己資本比率（\%）= \frac{自己資本}{総資本} \times 100$$

　　　　自己資本＝株主資本＋その他の包括利益累計額

　　　　総資本＝負債合計＋純資産合計

　② 　指標の意味と読み方

　自己資本比率は，総資本に占める自己資本の割合を表す指標である。自己資本比率は高いほど，長期的な安全性が高いことを意味する。

③　計算例

$$自己資本比率（\%）＝\frac{49,100＋3,100}{131,000}×100＝39.8\%$$

　純資産と自己資本を同じと仮定すると，負債比率と自己資本比率の関係は，次のようになる。

| 資産 | 100 | 負債 | 80 |
| | | 純資産（自己資本） | 20 |

$$負債比率：\frac{負債80}{自己資本20}×100＝400\%$$

$$自己資本比率：\frac{自己資本20}{総資本100}×100＝20\%$$

4.4　固定比率と固定長期適合率

　固定比率と固定長期適合率は，固定資産への投資源泉に着目した企業の長期的な債務返済能力を表す指標である。

（1）　固定比率

①　計算式

$$固定比率（\%）＝\frac{固定資産}{自己資本}×100$$

自己資本＝株主資本＋その他の包括利益累計額

②　指標の意味と読み方

　固定資産に投下された資本は，その回収までに長時間かかるため，固定資産への投資は返済の義務がない自己資本でまかなわれるのが望ましい。その理由は，固定資産への投資が借入金で行われると，投下資本を回収する前に借入金の返済期限が到来し，資金繰りが苦しくなることもあるからである。

　固定比率は，固定資産が自己資本の何倍あるかを表す指標である。固定比率が100％を超えている場合は，固定資産への投資を自己資本でまかなえていないことになる。したがって，固定比率は高いほど，長期的な安全性が低いことを意味する。

③ 計算例

$$固定比率（％）＝\frac{84,500}{49,100＋3,100}×100＝161.9％$$

（2）　固定長期適合率

① 計算式

$$固定長期適合率（％）＝\frac{固定資産}{自己資本＋固定負債}×100$$

② 指標の意味と読み方

　インフラ系など固定資産が多い業種では，固定比率が100％を下回るのは難しいこともある。このような場合は，固定資産への投資の一部が負債でまかなわれることになるが，その場合でも返済期限の長い固定負債を用いる必要がある。

　固定長期適合率は，固定資産が自己資本と固定負債の合計の何倍あるかを表す指標である。固定長期適合率は高いほど，長期的な安全性が低いことを意味する。特に，固定長期適合率が100％を超えている場合は，固定資産の投資に流動負債が用いられているため，安全性の観点からは問題である。

Column24■キャッシュ・フローを用いた安全性分析

　企業の安全性を分析する際には，キャッシュ・フロー計算書の営業活動によるキャッシュ・フローの数値を用いることも有用である。たとえば，流動比率，インタレスト・カバレッジ・レシオの算式の分子を，営業活動によるキャッシュ・フローに置き換えた次の指標を用いることもある。

営業キャッシュ・フロー対流動負債比率（％）

$$＝\frac{営業活動によるキャッシュ・フロー}{流動負債（期中平均）}×100$$

キャッシュ・フロー・インタレスト・カバレッジ・レシオ（倍）

$$＝\frac{営業活動によるキャッシュ・フロー}{支払利息}$$

③ 計算例

$$固定長期適合比率（％）＝\frac{84,500}{49,100＋3,100＋43,300}×100＝88.5％$$

4.5 インタレスト・カバレッジ・レシオ

　ここまで説明してきた安全性分析の指標は貸借対照表項目だけを用いたものであり，一定時点における資産や負債の残高だけで企業の安全性を判断するものである。しかし，企業の安全性は収益性にも依存するので，損益計算書に記載されたフロー項目を考慮した指標を用いることも有用である。その代表的指標がインタレスト・カバレッジ・レシオである。

① 計算式

$$インタレスト・カバレッジ・レシオ（倍）＝\frac{事業利益}{支払利息}$$

　　　事業利益＝営業利益＋受取利息＋有価証券利息＋受取配当金

② 指標の意味と読み方

　債務の返済能力を分析する際に，まずは利息を支払うことができるかを判断する必要がある。インタレスト・カバレッジ・レシオは，利息を支払うのに十分な利益が獲得できているかを表す指標である。インタレスト・カバレッジ・レシオは高いほど，利息の支払能力が高いことを意味する。インタレスト・カバレッジ・レシオが1倍未満だと，利息を支払う分の利益を稼げていないため，危険な状況にあるといえる。

③ 計算例

$$インタレスト・カバレッジ・レシオ（倍）＝\frac{5,800＋290}{330}＝18.5倍$$

第10章　財務諸表分析　*155*

●　　　　●　　　　●

■**練習問題1**（「1．財務諸表分析の意義」,「2．財務諸表の分析方法」の問題）

　1．企業の利益獲得能力に関する分析は（①）性分析，債務返済能力に関する部分
　　は（②）性分析である。

　2．分析対象企業について，現在の数値と過去の数値を比較する分析は（③）分析，
　　他社や業界平均と比較する分析は（④）分析である。

➡ **解答は196ページ**

■**練習問題2**（「3．収益性分析」の問題）

　以下の【資料】に基づいて，各比率を求めなさい。

【資料】

　　貸借対照表項目（単位：千円，いずれも期中平均額）

　　　売上債権　1,440　　　　棚卸資産　1,000　　　　仕入債務　1,200

　　　総資本　10,000　　　　自己資本　4,000

　　損益計算書項目（単位：千円）

　　　売上高　8,000　　　　売上原価　5,000　　　　営業利益　700

　　　事業利益　800　　　　親会社株主に帰属する当期純利益　300

　　①　ROA（％）　　②　ROE（％）　　③　売上高営業利益率（％）

　　④　総資本回転率（回）　　⑤　売上債権回転期間（日）

　　⑥　棚卸資産回転期間（日）　　⑦　仕入債務回転期間（日）

➡ **解答は196ページ**

■**練習問題3**（「4．安全性分析」の問題）

(1)　以下の貸借対照表に基づいて，各比率を計算しなさい。純資産と自己資本は同額
　　とする。計算結果が割り切れない場合は，小数点第2位を四捨五入すること。

貸借対照表（単位：千円）

流動資産		流動負債	875
当座資産	750		
棚卸資産	325	固定負債	1,000
その他	175		
固定資産	1,375	純資産（自己資本）	750
資産合計	2,625	負債及び純資産合計	2,625

① 流動比率（％）　　② 当座比率（％）　　③ 負債比率（％）

④ 自己資本比率（％）　　⑤ 固定比率（％）　　⑥ 固定長期適合率（％）

(2) 次の資料に基づいて，各比率を計算しなさい。

　　事業利益　960千円　　支払利息　80千円　　営業活動によるキャッシュ・フロー　640千円

① インタレスト・カバレッジ・レシオ（倍）

② キャッシュ・フロー・インタレスト・カバレッジ・レシオ（倍）

➡ 解答は197ページ

第11章

応用論点

学習のポイント
将来価値と現在価値／貸倒懸念債権の評価／固定資産の減損処理／資産除去債務／リース会計／退職給付債務

1 将来価値と現在価値

1.1 将来価値

将来価値とは，現在持っているお金や資産についての，将来のある時点における価値である。たとえば，金利を年10％として，現在100千円を投資すると，**図表11-1**のように価値が増加していく。つまり，現在の100千円の1年後の将来価値は110千円，2年後の将来価値は121千円になる（1年複利とする）。

[図表11-1] 将来価値の考え方

現　在		1年後		2年後
100千円	→×1.1	110千円	→×1.1	121千円

したがって，将来価値は，次の算式で求めることができる。

将来価値＝現在価値×（1＋金利）^{年数}

1.2　現在価値

　現在価値とは，将来の価値を割引率で除して，現在時点まで割り戻した価値である。**割引率**は，将来の価値を現在の価値に割り戻すための利率である。たとえば，割引率を年10%とすると，1年後の110千円の現在価値は100千円（＝110千円÷1.1），2年後の121千円の現在価値は100千円（＝121千円÷1.1^2）になる（**図表11－2**）。

［図表11－2］　現在価値の考え方

現　在	1年後	2年後
100千円　◀──	──　110千円　◀──	──　121千円
÷1.1	÷1.1	

　したがって，現在価値は，次の算式で求めることができる。

$$現在価値 = \frac{将来価値}{(1＋割引率)^{年数}}$$

　ある資産が将来生み出すキャッシュ・フローをCF，割引率をrとすると，この資産の現在価値は，次の算式で求めることができる。

$$現在価値 = \frac{1年後のCF}{1+r} + \frac{2年後のCF}{(1+r)^2} + \cdot\cdot\cdot + \frac{n年後のCF}{(1+r)^n}$$

　たとえば，1年後に440千円，2年後に605千円のキャッシュ・フローを生み出す資産の現在価値は，割引率を年10%とすると，$\frac{440千円}{1.1} + \frac{605千円}{1.1^2} = 900$千円になる。

　また，ある資産が毎期同額のキャッシュ・フローを無限に生み出すと仮定すると，この資産の現在価値は，次の算式で求めることができる。

第11章 応用論点 *159*

$$現在価値 = \frac{CF}{r}$$

たとえば，毎期末に200千円のキャッシュ・フローを無限に生み出す資産の現在価値は，割引率を年10%とすると，$\frac{200千円}{0.1} = 2,000千円$になる。

以下では，現在価値が用いられる会計処理について説明する。

2 貸倒懸念債権の評価

貸倒懸念債権とは，経営破綻の状態には至っていないが，債務の弁済に重大な問題が生じているか，または生じる可能性が高い債務者に対する債権である（第3章第3節も参照）。

貸倒懸念債権の貸倒見積額を算定する方法の1つに**キャッシュ・フロー見積法**がある。キャッシュ・フロー見積法における貸倒見積額は，債権が生み出す将来のキャッシュ・フローを当初の約定利子率で割り引いた現在価値と，債権の帳簿価額との差額である。

貸倒見積額＝債権の帳簿価額－将来キャッシュ・フローの現在価値

Column25■フリー・キャッシュ・フロー（FCF）と企業価値

第7章で説明したフリー・キャッシュ・フロー（FCF）を用いて，企業価値を算定することができる。この方法では，企業が生み出す将来のFCFの現在価値を企業価値と捉えるので，企業価値は次の算式で求めることができる。

$$企業価値 = \frac{1年後のFCF}{1+r} + \frac{2年後のFCF}{(1+r)^2} + \cdots + \frac{n年後のFCF}{(1+r)^n}$$

この場合の割引率は，加重平均資本コスト（weighted average cost of capital：WACCと略し，ワックと呼ばれる）が用いられる。加重平均資本コストについては，ファイナンスや財務管理の本を参照されたい。

例題11－1

貸付金150千円（元本の満期日は2年後，約定利子率は年10％）の貸付先であるА社の財政状態が悪化したため，А社と協議し，「今後は利息の支払いを免除するとともに，2年後の満期日に121千円を受け取る」ことで合意した。そこで，この貸付金を貸倒懸念債権に分類した。このとき計上される貸倒見積額を求め，貸借対照表の表示を示しなさい。

解答

貸倒見積額50千円（＝帳簿価額150千円－現在価値100千円）

貸借対照表（単位：千円）

貸付金	150
貸倒引当金	△50　　　　100

現在価値と貸倒見積額の求め方を図示すると，次のようになる。

	現在	1年後	2年後
帳簿価額	150千円		
現在価値	100千円 ◄────	÷1.1 ÷1.1	121千円
貸倒見積額	50千円		

3　固定資産の減損

3.1　減損の意義

企業が固定資産に投資するのは，投資額を超える金額を回収できると期待しているからである。しかし，市場環境の変化や技術革新といった理由によって，資産の収益性が著しく低下し，投資額を回収できない事態が生じることもある。固定資産の**減損**とは，資産の収益性の低下により，投資額の回収が見込めなくなった状態である。

3.2　減損処理

減損状態が生じた場合は，**減損処理**を行う必要がある。減損処理とは，資産

第11章　応用論点　*161*

の帳簿価額を回収可能価額まで減額して，その減額分を減損損失とする会計処理である。減損処理は，固定資産に適用されるが，他の基準に減損処理に関する規定がある固定資産には適用されない。

　固定資産への投資額は，その資産を継続使用するかまたは売却することにより回収される。企業は有利な方を選択するはずなので，次のいずれか大きい金額を**回収可能価額**という。

① **使 用 価 値**……資産の継続的使用と使用後の処分によって生じると見
　　　　　　　　　　　込まれる将来キャッシュ・フローの現在価値
② **正味売却価額**……資産の時価から処分費用見込額を控除した金額

以上をまとめると，次のようになる。

　　　減損損失＝帳簿価額－回収可能価額
　　　　　　　　　　　　　　　　　いずれか大きい方
　　　　　　　　　　使用価値　正味売却価額

たとえば，建物の帳簿価額を5,000千円，回収可能価額を1,500千円とすると，貸借対照表上の建物の金額は1,500千円で計上し，減額した3,500千円を**減損損失**として損益計算書の特別損失の区分に計上する。

貸借対照表（単位：千円）
（資産の部）
有形固定資産
建　　物　　　　　1,500

損益計算書（単位：千円）
特別損失
減損損失　　　　　3,500

　減損処理を行った固定資産については，減損処理後の新しい帳簿価額（上の例では1,500千円）を基礎として，その後は規則的に減価償却を行う。

> **例題11-2**
> 当社が所有している建物に関する次の資料に基づいて、減損損失額を求めなさい。
> 　帳簿価額　6,000千円　　使用価値　2,900千円　　正味売却価額　2,000千円
>
> **解　答**
> 3,100千円
> 　使用価値2,900千円＞正味売却価額2,000千円なので、回収可能価額は2,900千円
> 　減損損失：帳簿価額6,000千円－回収可能価額2,900千円＝3,100千円
> 　貸借対照表には、回収可能価額の2,900千円で計上される。

4　資産除去債務

　有形固定資産の中には、それを取得し使用した者に、その資産を除去すべき義務を生じさせるものがある。**資産除去債務**とは、有形固定資産の除去に関して法令や契約で要求される法律上の義務などである。資産除去債務の例としては、借地に建設した建物の契約満了時点での除去義務や賃借建物の原状回復義務などがある。
　資産除去債務は、有形固定資産の取得、建設、開発または通常の使用によって発生したときに負債として計上する（**図表11-3**）。

[図表11-3]　資産除去債務の概念図

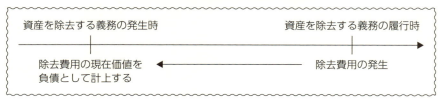

　資産除去債務に対応する除去費用は、資産除去債務を負債として計上したときに、負債計上額と同額を関連する有形固定資産の帳簿価額に加える。たとえ

ば，使用後に除去する法的義務がある建物1,000千円を取得し，この建物の除去費用の現在価値が50千円の場合，貸借対照表には次のように計上される。

貸借対照表（単位：千円）

（資産の部）		（負債の部）	
有形固定資産		固定負債	
建物	1,050	資産除去債務	50
		（純資産の部）	

Column26■減価償却と減損処理の関係

減損処理を行っても行わなくても，固定資産の耐用年数を通じた償却額は変わらない。たとえば，機械装置（取得原価1,000千円，耐用年数5年，残存価額ゼロ，減価償却方法は定額法）について，①と②の2つの場合における帳簿価額を図示すると，以下のようになる。

① 減損損失が生じなかった場合（実線）
② 2年後の減価償却後（この時点での帳簿価額は600千円）に減損損失が450千円計上された場合（波線）。この場合，減損処理後の帳簿価額は150千円なので，その後3年間にわたり，毎年50千円ずつ減価償却する。

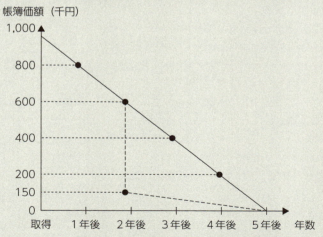

この図からわかるように，いずれの場合でも耐用年数を通じた償却額は1,000千円である。

例題11－3

　X1年1月1日に，当社は機械装置（1,000千円，耐用年数5年，残存価額ゼロ）を取得し，使用を開始した。当社には，この機械装置を耐用年数終了時に除去する法的義務がある。除去時（X5年12月31日）における支出は100千円と見積もられた。割引率は年3％とし，千円未満は四捨五入する。

(1) X1年1月1日の処理

　取得時に計上される資産除去債務は86千円（＝100千円÷1.03^5）になり，この金額を機械装置の取得原価に加算する。したがって，取得時点で貸借対照表を作成したとすると，次のように計上される。

貸借対照表（単位：千円）

（資産の部）		（負債の部）	
有形固定資産		固定負債	
機械装置	1,086	資産除去債務	86
		（純資産の部）	

(2) X1年12月31日の処理

　① 利息費用の計上

　1年間経過したことにより，資産除去債務は89千円（＝1,000千円÷1.03^4または86千円×1.03）になる。資産除去債務の増加額3千円は，利息費用として損益計算書に計上される。

　② 定額法による減価償却費の計上

　減価償却費は217千円（＝1,086千円÷5年）である。

　①と②の処理が終わると，貸借対照表と損益計算書には，次のように計上される。

貸借対照表（単位：千円）				損益計算書（単位：千円）	
（資産の部）		（負債の部）		販売費及び一般管理費	
有形固定資産		固定負債		減価償却費	217
機械装置	1,086	資産除去債務	89	利息費用	3
減価償却累計額	△217	（純資産の部）			

　以後，毎期末において同様の処理が行われ，除去直前の資産除去債務は100千円，減価償却累計額は1,086千円になる。そして，機械装置の除去により，機械装置，資産除去債務および減価償却累計額の残高はゼロになる。

5 リース取引

リース取引の会計処理については，現行基準を改正する基準が公表されている。したがって，まず現行基準を説明し，次に改正基準の要点を説明する。

5.1 現行基準

(1) リース取引の意義

リース取引とは，ある物件の所有者である貸手（レッサー）が，借手（レッシー）に対して，一定期間（リース期間）にわたり，この物件を使用収益する権利を与え，借手は使用料（リース料）を貸手に支払う取引である（**図表11－4**）。

[図表11－4] リース取引

(2) リース取引の分類

リース取引は，以下の2つの要件を両方満たせば**ファイナンス・リース**に，そうでなければ**オペレーティング・リース**に分類される。
① **解約不能**：リース契約の中途解約が契約上または事実上不可能である。
② **フルペイアウト**：リース物件から生じる経済的利益および維持管理費などの使用コストを借手が実質的に負担する。

(3) ファイナンス・リース取引の借手の会計処理

ファイナンス・リース取引の借手は，この取引を，リース物件を購入した後に代金をリース料として分割払いするものとみなして会計処理をする。したがって，借手は，原則として支払うリース料総額を一定の割引率で割り引いた現在価値でリース物件を**リース資産**として資産計上するとともに，同額をリー

ス債務として負債計上する。

　借手は，貸手に対して一定のリース料を支払う。このリース料には，リース物件の代金のほかに利息相当額も含まれている。決算では，借手は，リース物件を減価償却する。

例題11－4

(1)　リース取引の開始時

　期首にリース取引を開始し，リース料総額の現在価値が1,200千円であるとする。リース取引の開始時には，支払うリース料総額の現在価値でリース資産とリース債務を計上するので，貸借対照表を作成したとすると，次のように計上される（リース債務には１年基準が適用されるが，ここではすべて固定負債として扱っている）。

貸借対照表（単位：千円）

（資産の部）		（負債の部）	
有形固定資産		固定負債	
リース資産	1,200	リース債務	1,200
		（純資産の部）	

(2)　リース料の支払時

　リース料500千円（リース債務の元本返済分400千円，利息分100千円）を支払ったとする。リース債務400千円を返済したので，その分リース債務が減少する。

(3)　決算日

　リース資産を耐用年数３年，残存価額ゼロの定額法で減価償却し，減価償却費400千円（＝1,200千円÷３年）を計上した。

　(2)と(3)の処理が終わると，貸借対照表には，次のように計上される。

貸借対照表（単位：千円）

（資産の部）		（負債の部）	
有形固定資産		固定負債	
リース資産	1,200	リース債務	800
減価償却累計額	△400	（純資産の部）	

第11章　応用論点　*167*

（4）　オペレーティング・リース取引の借手の会計処理

　オペレーティング・リース取引は，通常の賃貸借取引と同じように処理される。したがって，オペレーティング・リース取引の借手は，リース料の支払時において，支払リース料（販売費及び一般管理費）を費用として計上するだけであり，リース資産やリース債務は計上されない。

　このように，現行のリース会計基準では，ファイナンス・リース取引なのか，オペレーティング・リース取引なのかにより，借手の会計処理が大きく異なる。このため，あるリース取引がファイナンス・リース取引またはオペレーティング・リース取引のどちらになるかの判断が非常に重要であった。

5.2　リースに関する会計基準

　2024年9月に，企業会計基準委員会（ASBJ）は，「リースに関する会計基準」（以下，「リース会計基準」という）を公表した。ここでは，「リース会計基準」の要点を説明する。

　「リース会計基準」では，リースは，原資産を使用する権利を一定期間にわたり対価と交換に移転する契約，または契約の一部分とされており，契約にリースが含まれているか否かを判断する必要がある。

　「リース会計基準」では，現行基準のファイナンス・リース取引であっても，オペレーティング・リース取引であっても，借手に資産を使用する権利がある点は同じであることに着目している。そのため，借手については，ファイナンス・リース取引とオペレーティング・リース取引の分類をなくすこととした。したがって，借手は，リース開始日において，原則としてすべてのリースについて資産を使用する権利である**使用権資産**と，リース料の支払義務である**リース負債**を計上する必要がある。なお，使用権資産は，減価償却する。

　「リース会計基準」は2027年4月1日以降開始する事業年度から適用されるが，2025年4月1日以降開始する事業年度から適用することもできる。

6 退職給付会計

6.1 退職給付の意義と制度

退職給付とは，一定の期間にわたり労働を提供したことなどの事由に基づいて，退職以後に支給される給付である。

退職給付制度には，**退職一時金制度**と**企業年金制度**がある。退職一時金制度は，退職給付の財源を企業内で確保し，従業員の退職時に一時金として支給する制度である。企業年金制度は，掛金を年金基金などに支払うことによって外部積立てを行い，従業員の退職後に，その外部積立してある資産から従業員に年金として支払う制度である。

企業年金制度には，**確定給付型**と**確定拠出型**がある。確定給付型は，退職時または退職後にあらかじめ定められた給付額を支払う制度である。確定拠出型は，毎期拠出する掛金は決まっているが，将来の給付額が変動する制度である。以上をまとめると，図表11－5のようになる。

[図表11－5] 退職給付制度の全体像

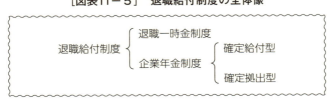

以下では，企業年金制度の確定給付型を前提に説明する。なお，確定拠出型の場合は，企業にとっての要拠出額が費用計上される。

6.2 退職給付債務

退職給付は企業が従業員の退職時に支払う義務なので，企業にとっては退職給付債務という負債になる。**退職給付債務**とは，企業が将来に負担する退職給付見込額のうち，各期末（認識時点）までに発生していると認められる額の現

在価値である。

退職給付見込額のうち，各期末までに発生していると認められる額は**期間定額基準**または給付算定式基準のいずれかで算定するが，ここでは期間定額基準を説明する。期間定額基準とは，退職給付見込額について全勤務期間で除した額を各期の発生額とする方法であり，退職給付見込額のうち期末までの発生額は次の算式で求める。

$$\text{退職給付見込額のうち期末までの発生額} = \text{退職給付見込額} \times \frac{\text{入社時から当期末までの勤務期間}}{\text{入社時から退職時までの勤務期間}}$$

例題11－5

次の資料に基づいて，1期末（X2年3月31日）と2期末（X3年3月31日）における退職給付見込額のうち期末までの発生額と退職給付債務を求めなさい。千円未満は四捨五入する。

① 従業員A氏は，1期首（X1年4月1日）に入社し，3期末（X4年3月31日）に退職する。

② 退職時における退職給付見込額は15,000千円であり，期間定額基準を用いる。

③ 割引率は年5％とする。

解 答

	退職給付見込額のうち期末までの発生額	退職給付債務
1期末（X2年3月31日）	5,000千円	4,535千円
2期末（X3年3月31日）	10,000千円	9,524千円

1期末（X2年3月31日）

$$\text{退職給付見込額のうち期末までの発生額} = 15,000\text{千円} \times \frac{1\text{年}}{3\text{年}} = 5,000\text{千円}$$

$$\text{退職給付債務} = 5,000\text{千円} \div 1.05^2 = 4,535\text{千円}$$

2期末（X3年3月31日）

$$\text{退職給付見込額のうち期末までの発生額} = 15,000\text{千円} \times \frac{2\text{年}}{3\text{年}} = 10,000\text{千円}$$

6.3 勤務費用と利息費用

【例題11－5】からわかるように，1期末から2期末にかけて，退職給付債務は4,989千円（＝9,524千円－4,535千円）増加している。このように，退職給付債務は，時間の経過とともに増加する。退職給付債務の増加要因は，**勤務費用**と**利息費用**に分けられる。

（1） 勤務費用

勤務費用とは，一期間の労働の対価として発生したと認められる退職給付である。勤務費用は，退職給付見込額のうち当期に発生したと認められる額を，一定の割引率で割り引いて計算する。期間定額基準では，勤務費用は次の算式で求める。

勤務費用＝退職給付見込額÷$(1＋割引率)^t$
　　t：残存勤務期間

退職給付債務は「当期末まで」に発生した額を割引計算したものであるのに対して，勤務費用は「当期に」発生した額を割引計算したものである点が異なる。

（2） 利息費用

利息費用とは，割引計算により算定された期首時点における退職給付債務について，期末までの時の経過により発生する計算上の利息である。利息費用は，

次の算式で求める。

　　利息費用＝期首の退職給付債務×割引率

例題11－6

　【例題11－5】において，１期と２期の勤務費用と利息費用を求めなさい。

- -

解　答

	勤務費用	利息費用
１期	4,535千円	0千円
２期	4,762千円	227千円

１期
　勤務費用：5,000千円÷（1＋0.05）^{2}＝4,535千円
　利息費用：0千円×5％＝0千円
２期
　勤務費用：5,000千円÷（1＋0.05）＝4,762千円
　利息費用：4,535千円×5％＝227千円

6.4　年金資産と期待運用収益

（1）　年金資産

　年金資産とは，企業が従業員の退職に備えて企業外部の基金などに積み立てた資産である。年金資産の額は，期末における時価（公正な評価額）により算定する。

（2）　期待運用収益

　年金資産は，一般的には債券や株式等で運用されている。したがって，期首の年金資産は，期末においては，運用収益の分だけ増加する。**期待運用収益**とは，年金資産の運用により生じると合理的に期待される計算上の収益であり，次の算式で求める。

期待運用収益＝期首の年金資産×長期期待運用収益率

たとえば，期首の年金資産が500千円で，長期期待運用収益率が２％の場合，期待運用収益は10千円になる。

6.5　会計処理

（１）　退職給付引当金
退職給付債務から年金資産の公正な評価額を控除した正味の債務額を，個別財務諸表では**退職給付引当金**（連結財務諸表では**退職給付に係る負債**）として負債に計上する。たとえば，退職給付債務が800千円，年金資産の時価が500千円の場合，正味の債務額（積立不足分）300千円が退職給付引当金（または退職給付に係る負債）として計上される。

（２）　退職給付費用
勤務費用，利息費用および期待運用収益は，期首時点の見積もりにより計算し，勤務費用と利息費用の合計から期待運用収益を控除した額を**退職給付費用**として費用計上するとともに，退職給付引当金に計上する。退職給付費用は，次の算式で求める。

退職給付費用＝勤務費用＋利息費用－期待運用収益

例題11－7

次の資料に基づいて，(1)～(5)を求めなさい。
① 　期首の退職給付債務：12,500千円
② 　期首の年金資産：5,000千円
③ 　勤務費用：1,400千円
④ 　割引率：年４％
⑤ 　長期期待運用収益率：年３％
　(1)　期首の退職給付引当金　　(2)　利息費用　　(3)　期待運用収益
　(4)　退職給付費用　　　　　　(5)　期末の退職給付引当金

解 答

(1) 7,500千円（＝期首の退職給付債務12,500千円－期首の年金資産5,000千円）
(2) 500千円（＝期首の退職給付債務12,500千円×割引率４％）
(3) 150千円（＝期首の年金資産5,000千円×長期期待運用収益率３％）
(4) 1,750千円（＝勤務費用1,400千円＋利息費用500千円－期待運用収益150千円）
(5) 9,250千円（＝(1)7,500千円＋(4)1,750千円）

以上を図示すると，次のようになる（単位：千円）。

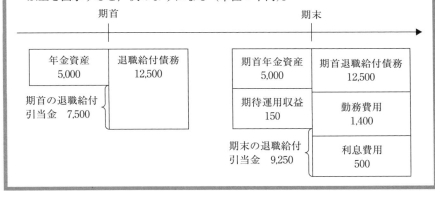

● ● ●

■**練習問題１**（「１．将来価値と現在価値」の問題）

次の問に答えなさい。

１．1,000,000円を金利年２％で３年間運用すると，３年後には元利合計でいくらになるか求めなさい。

２．割引率を年４％として，２年後の540,800円の現在価値を求めなさい。

３．ある資産からは，１年後に660,000円，２年後に484,000円のキャッシュ・フローが生じる。割引率を10％として，この資産の現在価値を求めなさい。

➡ 解答は198ページ

_174_

■**練習問題2**（「2．貸倒懸念債権の評価」の問題）

　貸付金8,000千円（元本の満期日は3年後，約定利子率は年10％）の貸付先である
X社の財政状態が悪化したため，X社と協議し，「今後は利息の支払いを免除すると
ともに，3年後の満期日に7,986千円を受け取る」ことで合意した。そこで，この貸
付金を貸倒懸念債権に分類した。このとき計上される貸倒見積額を求めなさい。

➡ **解答は198ページ**

■**練習問題3**（「3．固定資産の減損処理」の問題）

　次の問に答えなさい。

(1)　当社が所有している建物に関する資料に基づいて，減損損失額を求めなさい。

　　　　帳簿価額　　　　2,000千円

　　　　使用価値　　　　　900千円

　　　　正味売却価額　　　800千円

(2)　当社が所有している機械に関する資料に基づいて，減損損失額を求めなさい。

　　①　帳簿価額　16,000千円

　　②　割引前将来キャッシュ・フロー　　1年後　4,400千円　　　2年後　3,025千円

　　　　　　　　　　　　　　　　　　　　3年後　1,331千円

　　③　正味売却価額　6,800千円

　　④　割引率は年10％である。

　　⑤　キャッシュ・フローは毎年末に発生する。

➡ **解答は198ページ**

■**練習問題4**（「4．資産除去債務」の問題）

　次の問に答えなさい。

(1)　使用後に除去する法的義務がある建物4,000千円を取得し，この建物の除去費用
　　の現在価値が300千円の場合，貸借対照表に計上される建物の金額を求めなさい。

(2)　X1年4月1日に建物を取得し，使用を開始した。当社にはこの建物を使用後に
　　除去する法的義務がある。以下の資料に基づいて，取得時に計上される資産除去債
　　務の金額を求めなさい（千円未満は四捨五入すること）。

　　・建物の耐用年数は5年，割引率は年4％である。

第11章　応用論点　*175*

・建物はX6年3月31日に除去される予定であり，これに係る支出は450千円と見積
　もった。

➡ **解答は198ページ**

■**練習問題5**（「5．リース取引」の問題）

　2024年9月に公表された「リースに関する会計基準」について，次の文章が正しければ○，誤りであれば×としなさい。

　1．借手は，リースをファイナンス・リースとオペレーティング・リースに分類する。

　2．借手は，原則としてすべてのリースについて，使用権資産とリース負債を計上する必要がある。

➡ **解答は198ページ**

■**練習問題6**（「6．退職給付会計」の問題）

　次の資料に基づいて，(1)～(5)を求めなさい。

①　期首の退職給付債務：3,000千円

②　期首の年金資産：2,000千円

③　勤務費用：400千円

④　割引率：年5％

⑤　長期期待運用収益率：年3％

　(1)　期首の退職給付引当金　　(2)　利息費用　　(3)　期待運用収益

　(4)　退職給付費用　　　　　　(5)　期末の退職給付引当金

➡ **解答は198ページ**

［資料］金融商品取引法に基づく連結財務諸表

株式会社ニトリホールディングス（2023年4月1日〜2024年3月31日）

① 【連結貸借対照表】

（単位：百万円）

		前連結会計年度 （2023年3月31日）		当連結会計年度 （2024年3月31日）
資産の部				
流動資産				
現金及び預金		131,928		137,943
受取手形及び売掛金	※1	57,408	※1	79,247
商品及び製品		112,401		101,206
仕掛品		479		520
原材料及び貯蔵品		7,496		6,802
その他		20,641		22,018
貸倒引当金		△1		△2
流動資産合計		330,353		347,736
固定資産				
有形固定資産				
建物及び構築物	※2	422,887	※2	490,324
減価償却累計額		△219,531		△234,477
建物及び構築物（純額）	※2	203,356	※2	255,847
機械装置及び運搬具		20,792		25,531
減価償却累計額		△13,978		△16,072
機械装置及び運搬具（純額）		6,813		9,458
工具、器具及び備品		29,773		34,037
減価償却累計額		△18,417		△20,237
工具、器具及び備品（純額）		11,356		13,799
土地		377,009		403,228
リース資産		4,414		4,408
減価償却累計額		△2,894		△3,163
リース資産（純額）		1,519		1,244
使用権資産		15,333		18,632
減価償却累計額		△4,203		△6,637
使用権資産（純額）		11,129		11,995
建設仮勘定		38,294		41,323
有形固定資産合計		649,479		736,897
無形固定資産				
のれん		19,619		17,060
ソフトウエア		5,267		4,128
ソフトウエア仮勘定		1,740		3,463
借地権		6,272		6,406
その他		107		102
無形固定資産合計		33,005		31,162
投資その他の資産				
投資有価証券	※3	39,089	※3	42,439
長期貸付金		562		520
差入保証金	※2	16,893	※2	16,646
敷金		30,313		30,982
繰延税金資産		21,765		21,513
その他		12,379		10,851
貸倒引当金		△72		△72
投資その他の資産合計		120,932		122,882
固定資産合計		803,417		890,942
資産合計		1,133,771		1,238,679

（単位：百万円）

	前連結会計年度 （2023年3月31日）	当連結会計年度 （2024年3月31日）
負債の部		
流動負債		
支払手形及び買掛金	※2 38,459	※2 48,294
短期借入金	83,068	107,557
リース債務	1,602	1,895
未払金	24,058	45,933
未払法人税等	28,351	20,366
契約負債	23,774	29,091
賞与引当金	8,380	6,604
ポイント引当金	11	11
株主優待費用引当金	422	318
事業整理損失引当金	220	－
その他	※2 13,419	※2 16,264
流動負債合計	221,769	276,336
固定負債		
長期借入金	57,330	30,000
リース債務	4,598	4,519
役員退職慰労引当金	228	145
退職給付に係る負債	5,886	5,558
資産除去債務	14,800	14,748
その他	※2 11,060	※2 11,061
固定負債合計	93,905	66,033
負債合計	315,674	342,370
純資産の部		
株主資本		
資本金	13,370	13,370
資本剰余金	30,711	30,715
利益剰余金	771,743	841,541
自己株式	△10,111	△10,113
株主資本合計	805,714	875,513
その他の包括利益累計額		
その他有価証券評価差額金	1,769	4,711
繰延ヘッジ損益	△1,829	－
為替換算調整勘定	12,479	15,816
退職給付に係る調整累計額	△36	262
その他の包括利益累計額合計	12,382	20,790
非支配株主持分	－	4
純資産合計	818,096	896,308
負債純資産合計	1,133,771	1,238,679

資　　料　　*179*

② 【連結損益計算書及び連結包括利益計算書】
　　【連結損益計算書】

（単位：百万円）

	前連結会計年度 （自　2022年2月21日 至　2023年3月31日）	当連結会計年度 （自　2023年4月1日 至　2024年3月31日）
売上高	※1　948,094	※1　895,799
売上原価	469,988	439,850
売上総利益	478,106	455,949
販売費及び一般管理費	※2　338,029	※2　328,223
営業利益	140,076	127,725
営業外収益		
受取利息	638	1,323
受取配当金	275	521
為替差益	853	680
持分法による投資利益	929	542
補助金収入	298	180
自動販売機収入	363	341
有価物売却益	303	281
その他	1,097	1,477
営業外収益合計	4,760	5,349
営業外費用		
支払利息	401	521
その他	349	176
営業外費用合計	751	697
経常利益	144,085	132,377
特別利益		
固定資産売却益	※3　17	※3　1,784
特別利益合計	17	1,784
特別損失		
固定資産除売却損	※4　139	※4　25
減損損失	※5　4,769	※5　10,230
持分変動損失	61	0
事業整理損失引当金繰入額	218	—
特別損失合計	5,189	10,257
税金等調整前当期純利益	138,913	123,904
法人税、住民税及び事業税	47,503	39,293
法人税等調整額	△3,720	△1,912
法人税等合計	43,783	37,381
当期純利益	95,129	86,523
親会社株主に帰属する当期純利益	95,129	86,523

【連結包括利益計算書】

(単位：百万円)

	前連結会計年度 (自 2022年2月21日 至 2023年3月31日)	当連結会計年度 (自 2023年4月1日 至 2024年3月31日)
当期純利益	95,129	86,523
その他の包括利益		
その他有価証券評価差額金	542	2,941
繰延ヘッジ損益	△1,829	1,829
為替換算調整勘定	5,888	3,337
退職給付に係る調整額	151	298
その他の包括利益合計	※ 4,751	※ 8,407
包括利益	99,881	94,931
(内訳)		
親会社株主に係る包括利益	99,881	94,931

③ **【連結株主資本等変動計算書】**

前連結会計年度(自 2022年2月21日 至 2023年3月31日)

(単位：百万円)

	株主資本				
	資本金	資本剰余金	利益剰余金	自己株式	株主資本合計
当期首残高	13,370	26,814	692,768	△7,771	725,181
当期変動額					
剰余金の配当			△16,154		△16,154
親会社株主に帰属する当期純利益			95,129		95,129
自己株式の取得				△4,949	△4,949
自己株式の処分		3,897		2,608	6,505
株主資本以外の項目の当期変動額（純額）					
当期変動額合計	－	3,897	78,975	△2,340	80,532
当期末残高	13,370	30,711	771,743	△10,111	805,714

	その他の包括利益累計額					純資産合計
	その他有価証券評価差額金	繰延ヘッジ損益	為替換算調整勘定	退職給付に係る調整累計額	その他の包括利益累計額合計	
当期首残高	1,227	－	6,591	△187	7,631	732,813
当期変動額						
剰余金の配当						△16,154
親会社株主に帰属する当期純利益						95,129
自己株式の取得						△4,949
自己株式の処分						6,505
株主資本以外の項目の当期変動額（純額）	542	△1,829	5,888	151	4,751	4,751
当期変動額合計	542	△1,829	5,888	151	4,751	85,283
当期末残高	1,769	△1,829	12,479	△36	12,382	818,096

資　料　*181*

当連結会計年度（自　2023年4月1日　至　2024年3月31日）

（単位：百万円）

	株主資本				
	資本金	資本剰余金	利益剰余金	自己株式	株主資本合計
当期首残高	13,370	30,711	771,743	△10,111	805,714
当期変動額					
剰余金の配当			△16,725		△16,725
親会社株主に帰属する当期純利益			86,523		86,523
自己株式の取得				△2	△2
自己株式の処分		3		0	4
株主資本以外の項目の当期変動額（純額）					
当期変動額合計	－	3	69,797	△1	69,799
当期末残高	13,370	30,715	841,541	△10,113	875,513

	その他の包括利益累計額					非支配株主持分	純資産合計
	その他有価証券評価差額金	繰延ヘッジ損益	為替換算調整勘定	退職給付に係る調整累計額	その他の包括利益累計額合計		
当期首残高	1,769	△1,829	12,479	△36	12,382	－	818,096
当期変動額							
剰余金の配当							△16,725
親会社株主に帰属する当期純利益							86,523
自己株式の取得							△2
自己株式の処分							4
株主資本以外の項目の当期変動額（純額）	2,941	1,829	3,337	298	8,407	4	8,411
当期変動額合計	2,941	1,829	3,337	298	8,407	4	78,211
当期末残高	4,711	－	15,816	262	20,790	4	896,308

④ 【連結キャッシュ・フロー計算書】

(単位：百万円)

	前連結会計年度 （自 2022年2月21日 至 2023年3月31日）	当連結会計年度 （自 2023年4月1日 至 2024年3月31日）
営業活動によるキャッシュ・フロー		
税金等調整前当期純利益	138,913	123,904
減価償却費	26,186	27,111
減損損失	4,769	10,230
のれん償却額	2,772	2,559
貸倒引当金の増減額（△は減少）	△7	1
賞与引当金の増減額（△は減少）	3,874	△1,810
役員退職慰労引当金の増減額（△は減少）	－	△83
退職給付に係る負債の増減額（△は減少）	255	124
ポイント引当金の増減額（△は減少）	△3,116	△0
受取利息及び受取配当金	△913	△1,844
支払利息	401	521
持分法による投資損益（△は益）	△929	△542
固定資産除売却損益（△は益）	122	△1,759
持分変動損益（△は益）	61	0
事業整理損失引当金の増減額（△は減少）	218	
売上債権の増減額（△は増加）	△39,324	△24,050
棚卸資産の増減額（△は増加）	△33,301	12,592
仕入債務の増減額（△は減少）	△414	9,184
未払金の増減額（△は減少）	△4,864	11,935
契約負債の増減額（△は減少）	23,799	5,246
未払消費税等の増減額（△は減少）	1,463	5,077
その他	4,235	9,859
小計	124,202	188,257
利息及び配当金の受取額	1,736	3,158
利息の支払額	△417	△524
法人税等の支払額	△40,043	△47,946
法人税等の還付額	5,919	647
営業活動によるキャッシュ・フロー	91,398	143,593

資　料　*183*

（単位：百万円）

	前連結会計年度 （自 2022年2月21日 至 2023年3月31日）	当連結会計年度 （自 2023年4月1日 至 2024年3月31日）
投資活動によるキャッシュ・フロー		
定期預金の預入による支出	△5,789	△20,793
定期預金の払戻による収入	2,502	7,193
有形固定資産の取得による支出	△113,933	△118,664
有形固定資産の売却による収入	17	3,263
無形固定資産の取得による支出	△2,471	△3,297
有価証券及び投資有価証券の取得による支出	△11,989	－
有価証券及び投資有価証券の売却による収入	0	2
差入保証金の差入による支出	△546	△253
差入保証金の回収による収入	2,010	1,395
敷金の差入による支出	△2,681	△1,644
敷金の回収による収入	308	1,018
預り保証金の受入による収入	12	26
預り保証金の返還による支出	△247	△231
預り敷金の受入による収入	957	411
預り敷金の返還による支出	△147	△118
長期前払費用の取得による支出	△762	△380
貸付けによる支出	－	△0
貸付金の回収による収入	202	248
その他	18	△0
投資活動によるキャッシュ・フロー	△132,538	△131,824
財務活動によるキャッシュ・フロー		
短期借入金の純増減額（△は減少）	40,000	40,222
長期借入金の返済による支出	△35,068	△43,068
長期借入れによる収入	50,000	－
リース債務の返済による支出	△1,961	△1,044
自己株式の取得による支出	△2	△2
配当金の支払額	△16,064	△16,713
財務活動によるキャッシュ・フロー	36,903	△20,606
現金及び現金同等物に係る換算差額	2,276	1,035
現金及び現金同等物の増減額（△は減少）	△1,960	△7,801
現金及び現金同等物の期首残高	127,076	125,115
現金及び現金同等物の期末残高	※1　125,115	※1　117,313

独立監査人の監査報告書及び内部統制監査報告書

2024年6月20日

株式会社ニトリホールディングス

取締役会 御中

有限責任監査法人トーマツ

東京事務所

指定有限責任社員 業務執行社員	公認会計士	井 出 正 弘
指定有限責任社員 業務執行社員	公認会計士	吉 原 一 貴

＜連結財務諸表監査＞

監査意見

当監査法人は、金融商品取引法第193条の2第1項の規定に基づく監査証明を行うため、「経理の状況」に掲げられている株式会社ニトリホールディングスの2023年4月1日から2024年3月31日までの連結会計年度の連結財務諸表、すなわち、連結貸借対照表、連結損益計算書、連結包括利益計算書、連結株主資本等変動計算書、連結キャッシュ・フロー計算書、連結財務諸表作成のための基本となる重要な事項、その他の注記及び連結附属明細表について監査を行った。

当監査法人は、上記の連結財務諸表が、我が国において一般に公正妥当と認められる企業会計の基準に準拠して、株式会社ニトリホールディングス及び連結子会社の2024年3月31日現在の財政状態並びに同日をもって終了する連結会計年度の経営成績及びキャッシュ・フローの状況を、全ての重要な点において適正に表示しているものと認める。

監査意見の根拠

当監査法人は、我が国において一般に公正妥当と認められる監査の基準に準拠して監査を行った。監査の基準における当監査法人の責任は、「連結財務諸表監査における監査人の責任」に記載されている。当監査法人は、我が国における職業倫理に関する規定に従って、会社及び連結子会社から独立しており、また、監査人としてのその他の倫理上の責任を果たしている。当監査法人は、意見表明の基礎となる十分かつ適切な監査証拠を入手したと判断している。

監査上の主要な検討事項

監査上の主要な検討事項とは、当連結会計年度の連結財務諸表の監査において、監査人が職業的専門家として特に重要であると判断した事項である。監査上の主要な検討事項は、連結財務諸表全体に対する監査の実施過程及び監査意見の形成において対応した事項であり、当監査法人は、当該事項に対して個別に意見を表明するものではない。

資　料　*185*

連結財務諸表に対する経営者及び監査等委員会の責任

　経営者の責任は、我が国において一般に公正妥当と認められる企業会計の基準に準拠して連結財務諸表を作成し適正に表示することにある。これには、不正又は誤謬による重要な虚偽表示のない連結財務諸表を作成し適正に表示するために経営者が必要と判断した内部統制を整備及び運用することが含まれる。

　連結財務諸表を作成するに当たり、経営者は、継続企業の前提に基づき連結財務諸表を作成することが適切であるかどうかを評価し、我が国において一般に公正妥当と認められる企業会計の基準に基づいて継続企業に関する事項を開示する必要がある場合には当該事項を開示する責任がある。

　監査等委員会の責任は、財務報告プロセスの整備及び運用における取締役の職務の執行を監視することにある。

連結財務諸表監査における監査人の責任

　監査人の責任は、監査人が実施した監査に基づいて、全体としての連結財務諸表に不正又は誤謬による重要な虚偽表示がないかどうかについて合理的な保証を得て、監査報告書において独立の立場から連結財務諸表に対する意見を表明することにある。虚偽表示は、不正又は誤謬により発生する可能性があり、個別に又は集計すると、連結財務諸表の利用者の意思決定に影響を与えると合理的に見込まれる場合に、重要性があると判断される。

　監査人は、我が国において一般に公正妥当と認められる監査の基準に従って、監査の過程を通じて、職業的専門家としての判断を行い、職業的懐疑心を保持して以下を実施する。

- ・　不正又は誤謬による重要な虚偽表示リスクを識別し、評価する。また、重要な虚偽表示リスクに対応した監査手続を立案し、実施する。監査手続の選択及び適用は監査人の判断による。さらに、意見表明の基礎となる十分かつ適切な監査証拠を入手する。
- ・　連結財務諸表監査の目的は、内部統制の有効性について意見表明するためのものではないが、監査人は、リスク評価の実施に際して、状況に応じた監査手続を立案するために、監査に関連する内部統制を検討する。
- ・　経営者が採用した会計方針及びその適用方法の適切性、並びに経営者によって行われた会計上の見積りの合理性及び関連する注記事項の妥当性を評価する。
- ・　経営者が継続企業を前提として連結財務諸表を作成することが適切であるかどうか、また、入手した監査証拠に基づき、継続企業の前提に重要な疑義を生じさせるような事象又は状況に関して重要な不確実性が認められるかどうか結論付ける。継続企業の前提に関する重要な不確実性が認められる場合は、監査報告書において連結財務諸表の注記事項に注意を喚起すること、又は重要な不確実性に関する連結財務諸表の注記事項が適切でない場合は、連結財務諸表に対して除外事項付意見を表明することが求められている。監査人の結論は、監査報告書日までに入手した監査証拠に基づいているが、将来の事象や状況により、企業は継続企業として存続できなくなる可能性がある。
- ・　連結財務諸表の表示及び注記事項が、我が国において一般に公正妥当と認められる企業会計の基準に準拠しているかどうかとともに、関連する注記事項を含めた連結財務諸表の表示、構成及び内容、並びに連結財務諸表が基礎となる取引や会計事象を適正に表示しているかどうかを評価する。
- ・　連結財務諸表に対する意見を表明するために、会社及び連結子会社の財務情報に関する十分かつ適切な監査証拠を入手する。監査人は、連結財務諸表の監査に関する指示、監督及び実施に関して責任がある。監査人は、単独で監査意見に対して責任を負う。

　監査人は、監査等委員会に対して、計画した監査の範囲とその実施時期、監査の実施過程で識別した内部統制の重要な不備を含む監査上の重要な発見事項、及び監査の基準で求められているその他の事項について報告を行う。

　監査人は、監査等委員会に対して、独立性についての我が国における職業倫理に関する規定を遵守したこと、並びに監査人の独立性に影響を与えると合理的に考えられる事項、及び阻害要因を除去するための対応策を講じている場合又は阻害要因を許容可能な水準にまで軽減するためのセーフガードを適用している場合はその内容について報告を行う。

　監査人は、監査等委員会と協議した事項のうち、当連結会計年度の連結財務諸表の監査で特に重要であると判断した事項を監査上の主要な検討事項と決定し、監査報告書において記載する。ただし、法令等により当該事項の公表が禁止されている場合や、極めて限定的ではあるが、監査報告書において報告することにより生じる不利益が公共の利益を上回ると合理的に見込まれるため、監査人が報告すべきでないと判断した場合は、当該事項を記載しない。

＜内部統制監査＞

監査意見

　　当監査法人は、金融商品取引法第193条の2第2項の規定に基づく監査証明を行うため、株式会社ニトリホールディングスの2024年3月31日現在の内部統制報告書について監査を行った。

　　当監査法人は、株式会社ニトリホールディングスが2024年3月31日現在の財務報告に係る内部統制は有効であると表示した上記の内部統制報告書が、我が国において一般に公正妥当と認められる財務報告に係る内部統制の評価の基準に準拠して、財務報告に係る内部統制の評価結果について、全ての重要な点において適正に表示しているものと認める。

監査意見の根拠

　　当監査法人は、我が国において一般に公正妥当と認められる財務報告に係る内部統制の監査の基準に準拠して内部統制監査を行った。財務報告に係る内部統制の監査の基準における当監査法人の責任は、「内部統制監査における監査人の責任」に記載されている。当監査法人は、我が国における職業倫理に関する規定に従って、会社及び連結子会社から独立しており、また、監査人としてのその他の倫理上の責任を果たしている。当監査法人は、意見表明の基礎となる十分かつ適切な監査証拠を入手したと判断している。

内部統制報告書に対する経営者及び監査等委員会の責任

　　経営者の責任は、財務報告に係る内部統制を整備及び運用し、我が国において一般に公正妥当と認められる財務報告に係る内部統制の評価の基準に準拠して内部統制報告書を作成し適正に表示することにある。

　　監査等委員会の責任は、財務報告に係る内部統制の整備及び運用状況を監視、検証することにある。

　　なお、財務報告に係る内部統制により財務報告の虚偽の記載を完全には防止又は発見することができない可能性がある。

内部統制監査における監査人の責任

　　監査人の責任は、監査人が実施した内部統制監査に基づいて、内部統制報告書に重要な虚偽表示がないかどうかについて合理的な保証を得て、内部統制監査報告書において独立の立場から内部統制報告書に対する意見を表明することにある。

　　監査人は、我が国において一般に公正妥当と認められる財務報告に係る内部統制の監査の基準に従って、監査の過程を通じて、職業的専門家としての判断を行い、職業的懐疑心を保持して以下を実施する。

- 　内部統制報告書における財務報告に係る内部統制の評価結果について監査証拠を入手するための監査手続を実施する。内部統制監査の監査手続は、監査人の判断により、財務報告の信頼性に及ぼす影響の重要性に基づいて選択及び適用される。
- 　財務報告に係る内部統制の評価範囲、評価手続及び評価結果について経営者が行った記載を含め、全体としての内部統制報告書の表示を検討する。
- 　内部統制報告書における財務報告に係る内部統制の評価結果に関する十分かつ適切な監査証拠を入手する。監査人は、内部統制報告書の監査に関する指示、監督及び実施に関して責任がある。監査人は、単独で監査意見に対して責任を負う。

　　監査人は、監査等委員会に対して、計画した内部統制監査の範囲とその実施時期、内部統制監査の実施結果、識別した内部統制の開示すべき重要な不備、その是正結果、及び内部統制の監査の基準で求められているその他の事項について報告を行う。

　　監査人は、監査等委員会に対して、独立性についての我が国における職業倫理に関する規定を遵守したこと、並びに監査人の独立性に影響を与えると合理的に考えられる事項、及び阻害要因を除去するための対応策を講じている場合又は阻害要因を許容可能な水準にまで軽減するためのセーフガードを適用している場合はその内容について報告を行う。

＜報酬関連情報＞

　　当監査法人及び当監査法人と同一のネットワークに属する者に対する、会社及び子会社の監査証明業務に基づく報酬及び非監査業務に基づく報酬の額は、「提出会社の状況」に含まれるコーポレート・ガバナンスの状況等(3)【監査の状況】に記載されている。

利害関係

　　会社及び連結子会社と当監査法人又は業務執行社員との間には、公認会計士法の規定により記載すべき利害関係はない。

以　　上

（注）　1．上記は監査報告書の原本に記載された事項を電子化したものであり、その原本は当社（有価証券報告書提出会社）が別途保管しております。
　　　　2．XBRLデータは監査の対象には含まれていません。

練習問題 解答

［第1章］

■練習問題1
①貨幣額　②意思　③説明　④利害　⑤会計期間　⑥期中

■練習問題2
①資産　②負債　③当期純利益　④財産　⑤300　⑥650（＝期末純資産額800千円－当期純利益150千円）

■練習問題3
①キャッシュ・フロー計算書　②会計公準　③貨幣的測定の公準　④継続企業（ゴーイング・コンサーン）

■練習問題4
1．×：財務諸表は，利害関係者間で利害が一致しないことを前提に作成される。

2．○　　3．×：複数の企業集団を会計実体とみなすこともある。

［第2章］

■練習問題1
1．○　　2．×：GAAPは，法律ではない。　　3．○

■練習問題2
①株主　②債権者　③配当可能利益　④貸借対照表　⑤損益計算書
⑥会社法計算規則　（①と②，④と⑤は順不同）

■練習問題3
①国民経済　②投資家　③1億　④有価証券報告書　⑤財務諸表等規則
⑥半期報告書

■練習問題4
1．×：誤った財務諸表は，通常，利害関係者の意思決定に悪影響を及ぼす。

2．○　　3．○　　4．○　　5．○

■練習問題5

①決算短信　　②業績予想　　③四半期決算　　④サステナビリティ　　⑤人的資本・多様性等　　⑥サステナビリティ基準委員会（SSBJ）　　（④と⑤は順不同）

［第3章］

■練習問題1

(1)

1．○

2．×：資産を流動資産と固定資産に分類する際は，まず正常営業循環基準を適用し，次に1年基準を適用する。

3．×：不動産業に属する企業が販売用で所有する土地は，営業活動の循環過程内にある資産なので，流動資産に分類される。

(2)　流動資産（　②　③　⑤　⑦　）　　固定資産（　①　④　⑥　⑧　）

■練習問題2

①貸倒見積額（貸倒引当金）　　②一般　　③懸念

■練習問題3

①時価　　②取得原価　　③償却原価　　④9,000

④　A社株式の評価差額：（@850円 − @800円）×300株 = 15,000円（評価益）

B社株式の評価差額：（@980円 − @1,000円）×300株 = △6,000円（評価損）

評価差額合計：15,000円 − 6,000円 = 9,000円

■練習問題4

(1)

①21,000　　②46,500　　③22,500　　④45,000

期首商品棚卸高：50個×@200円 = 10,000円

当期商品仕入高：100個×@260円 + 150個×@210円 = 57,500円

先入先出法では，7/12の売上75個は，前期繰越分50個（原価@200円）と，5/8仕入分25個（原価@260円）を販売したと考える。同じように，11/16の売上125個は，5/8仕入分75個（原価@260円）と9/21仕入分50個（原価@210円）を販売したと考える。したがって，期末商品棚卸高は9/21仕入分100個（原価@210円）になる。

期末商品棚卸高：100個×@210円 = 21,000円

売上原価：10,000円＋57,500円－21,000円＝46,500円

総平均法では，平均単価を求める。

平均単価：$\dfrac{10,000円＋57,500円}{50個＋100個＋150個}＝@225円$

期末商品棚卸高：100個×@225円＝22,500円

売上原価：10,000円＋57,500円－22,500円＝45,000円（または@225円×200個＝45,000円）

(2)

①125　②150　③25　④485　⑤515

① 貸借対照表の商品の金額：25個×@5千円＝125千円
② 損益計算書の期末商品棚卸高：25個×@6千円＝150千円
③ 棚卸資産評価損：（@6千円－@5千円）×25個＝25千円
④ 売上原価：130千円＋480千円－150千円＋25千円＝485千円
⑤ 売上総利益：1,000千円－485千円＝515千円

■練習問題5

(1)

1．×：資産の取得原価には，その資産を取得するのに要した付随費用を含める。

2．○

3．○：39ページのColumn 8「会計方針の注記と継続性の原則」を参照。

4．○

5．×：のれんは無形固定資産である。

6．×：無形固定資産は償却する。

7．○

(2)

① 300（＝6,000千円÷20年）
② 384（＝（3,000千円－1,080千円）×20％）
③ 170（＝交付対価520千円－純資産額350千円）

［第４章］

■練習問題１

1．×：貸借対照表では，負債は，流動負債と固定負債の２つに区分して表示される。

2．○

3．×：支払手形，買掛金，借入金は，債務額で貸借対照表に計上する。

■練習問題２

①評価　②負債　③将来　④当期以前　⑤合理

［第５章］

■練習問題１

①払込資本　②留保利益　③120　④60　⑤60　⑥利益準備金　⑦任意積立金　⑧15

⑧は，次のいずれか小さい金額なので15千円になる。

500千円×1/4－（60千円＋40千円）＝25千円

150千円×1/10＝15千円

■練習問題２

(1)

1．×：自己株式は，株主資本の控除項目として取得原価で表示される。

2．×：自己株式処分差益は，その他資本剰余金に計上される。

3．×：株式引受権と新株予約権は，いずれも株主資本に含めずに表示する。

(2)　1,850千円

株主資本に区分されるのは，資本金，利益準備金，繰越利益剰余金，自己株式である。自己株式は株主資本から控除する。

株主資本合計：1,200千円＋150千円＋900千円－400千円＝1,850千円

■練習問題3

株主資本等変動計算書（単位：千円）

	株主資本								
	資本金	資本剰余金			利益剰余金				株主資本合計
		資本準備金	その他資本剰余金	資本剰余金合計	利益準備金	その他利益剰余金		利益剰余金合計	
						任意積立金	繰越利益剰余金		
当期首残高	1,700	800	300	1,100	200	100	500	800	3,600
当期変動額									
新株の発行	150	150		150					300
剰余金の配当					10		△110	△100	△100
当期純利益							400	400	400
当期変動額合計	150	150		150	10		290	300	600
当期末残高	1,850	950	300	1,250	210	100	790	1,100	4,200

［第6章］

■練習問題1

（単位：千円）

(1) 売上総利益　60,000（＝売上高150,000－売上原価90,000）

(2) 営業利益　35,000（＝売上総利益60,000－販売費及び一般管理費25,000）

(3) 経常利益　35,500（＝営業利益35,000＋営業外収益8,000－営業外費用7,500）

(4) 税引前当期純利益　29,700（＝経常利益35,500＋特別利益800－特別損失6,600）

(5) 当期純利益　17,900（＝税引前当期純利益29,700－法人税，住民税及び事業税11,800）

■練習問題2

（単位：千円）

(1) 営業利益　190（＝売上高1,000－売上原価650－給料100－広告宣伝費50－支払手数料10）

　　経常利益　203（＝営業利益190＋受取配当金28－支払利息15）

(2) 経常利益　90（経常利益＋固定資産売却益10－災害損失20＝税引前当期純利益80の関係から求める）

　　当期純利益　40（＝税引前当期純利益80－法人税，住民税及び事業税40）

■練習問題3

	収益の額	期末の契約負債の額
X1年度	136千円	24千円
X2年度	8千円	16千円
X3年度	8千円	8千円
X4年度	8千円	0千円

$$パソコンソフトの履行義務：160千円 \times \frac{144千円}{144千円 + 36千円} = 128千円$$

$$メンテナンスサービスの履行義務：160千円 \times \frac{36千円}{144千円 + 36千円} = 32千円$$

メンテナンスサービスについては，販売時に契約負債32千円が計上され，その後4年間にわたって毎期8千円ずつ収益認識される。

■練習問題4

1．○

2．×：営業利益ではなく，経常利益についての説明になっている。

3．○：売上総利益－販売費及び一般管理費＝営業利益であり，通常，販売費及び一般管理費は0にはならない。

4．×：特別利益ではなく，営業外収益についての説明になっている。

5．×：経常利益は，利息の受払額などを加減した後の利益である。

6．○

7．×：売上総利益は，売上高から売上原価を差し引いて求める。

8．×：損益計算書は，1会計期間における経営成績を明らかにするために作成される。

9．○

10．○

［第7章］

■練習問題1

1．×：受取手形，売掛金，株式は現金同等物に含まれない。

2．×：営業活動によるキャッシュ・フローを間接法で作成した場合，減価償却費

は税引前当期純利益に加算する。

3．○
4．×：営業活動によるキャッシュ・フロー＋投資活動によるキャッシュ・フローで求める。

■練習問題2

キャッシュ・フロー計算書（単位：千円）

営業活動によるキャッシュ・フロー	
税引前当期純利益	280
減価償却費	270
売上債権の増加額	△40
仕入債務の増加額	80
棚卸資産の減少額	70
営業活動によるキャッシュ・フロー	660

■練習問題3

①200　②△3,200　③5,700　④2,700

貸付金の回収による収入5,700千円は，次のように求める。

■練習問題4

①1,220　②△500　③△60　④660

【解説】長期借入れによる収入1,220千円は，次のように求める。

■練習問題5

営業活動によるキャッシュ・フロー	⑥　⑨
投資活動によるキャッシュ・フロー	①　⑤　⑦
財務活動によるキャッシュ・フロー	②　③　④　⑧

[第8章]

■練習問題1

(1)　100千円（＝600千円－（諸資産700千円－諸負債200千円））

(2)

連結貸借対照表（単位：千円）

資　　産	金　　額	負債と純資産	金　　額
諸　　資　　産	(760)	諸　　負　　債	(420)
（ の れ ん ）	(4)	資　　本　　金	(180)
		利 益 剰 余 金	(130)
		（非支配株主持分）	(34)
	(764)		(764)

時価評価後のS社の資本：諸資産300千円－諸負債130千円＝170千円

のれん：140千円－（170千円×80％）＝4千円

非支配株主持分：170千円×20％＝34千円

諸資産と諸負債：P社の金額＋時価評価後のS社の金額

資本金と利益剰余金：P社の金額

練習問題 解答　*195*

■練習問題２

連結損益計算書（単位：千円）

売上高	(8,100)	P＋S－内部取引700
売上原価	(4,600)	P＋S－内部取引700
売上総利益	(3,500)	8,100－4,600
販売費及び一般管理費	(1,300)	P＋S
営業利益	(2,200)	3,500－1,300
営業外収益		
受取利息	(120)	P＋S－内部取引60
営業外費用		
支払利息	(220)	P＋S－内部取引60
税金等調整前当期純利益	(2,100)	2,200＋120－220
法人税等合計	(630)	P＋S
当期純利益	(1,470)	2,100－630
非支配株主に帰属する当期純利益	(56)	S社の当期純利益280×非支配株主持分割合20％
親会社株主に帰属する当期純利益	(1,414)	1,470－56

■練習問題３

(1)　①影響力　　②持分　　③持分法による投資利益

(2)　①440（＝500千円＋200千円×30％－120千円）

　　②60（＝200千円×30％）

■練習問題４

(1)　①マネジメント　　②事業　　③報告　　④決算日レート　　⑤為替換算調整勘定

(2)

連結貸借対照表（単位：円）

諸　　資　　産	(609,400)	諸　　　負　　　債	(508,800)
		資　　本　　金	(100,000)
		為替換算調整勘定	(600)
	(609,400)		(609,400)

諸資産：326,800円＋1,800ドル×157円＝609,400円

諸負債：257,600円＋1,600ドル×157円＝508,800円

資本金：P社の資本金100,000円

為替換算調整勘定：609,400円－（508,800円＋100,000円）＝600円

[第9章]

■練習問題1

① 1,150千円 （＝税引前当期純利益8,500千円×30％−中間納付額1,400千円）

② 2,550千円 （＝税引前当期純利益8,500千円×30％）

③ 5,950千円 （＝税引前当期純利益8,500千円−②2,550千円）

■練習問題2

①課税所得　　②確定決算　　③損金不算入

■練習問題3

(1)　①永久　　②一時　　③将来減算一時　　④30（＝一時差異100千円×30％）

(2)　①1,380（＝（4,000千円＋600千円）×30％）　　②△180（＝600千円×30％）

　　③1,200　　④2,800　　⑤1,020（＝（4,000千円−600千円）×30％）　　⑥180

　　⑦1,200　　⑧2,800　　⑨180

■練習問題4

1．×：永久差異は税効果会計の対象外なので，永久差異から繰延税金資産や繰延税金負債は生じない。

2．×：同一納税主体の繰延税金資産と繰延税金負債は，相殺して表示する。

3．○

4．×：損金不算入項目とは，会計上は費用になるが，法人税法上は損金にならないものである。

5．○

[第10章]

■練習問題1

①収益　　②安全　　③時系列　　④クロスセクション

■練習問題2

① ROA：$\dfrac{\text{事業利益}\quad 800}{\text{総資本}\quad 10,000} \times 100 = 8\,\%$

② ROE：$\dfrac{\text{親会社株主に帰属する当期純利益}\quad 300}{\text{自己資本}\quad 4,000} \times 100 = 7.5\,\%$

③ 売上高営業利益率：$\dfrac{\text{営業利益}\quad 700}{\text{売上高}\quad 8{,}000} \times 100 = 8.75\%$

④ 総資本回転率：$\dfrac{\text{売上高}\quad 8{,}000}{\text{総資本}\quad 10{,}000} = 0.8\text{回}$

⑤ 売上債権回転期間：$\dfrac{\text{売上債権}\quad 1{,}440}{\text{売上高}\quad 8{,}000} \times 365 = 65.7\text{日}$

⑥ 棚卸資産回転期間：$\dfrac{\text{棚卸資産}\quad 1{,}000}{\text{売上原価}\quad 5{,}000} \times 365 = 73\text{日}$

⑦ 仕入債務回転期間：$\dfrac{\text{仕入債務}\quad 1{,}200}{\text{売上原価}\quad 5{,}000} \times 365 = 87.6\text{日}$

■練習問題3

(1)

① 流動比率：$\dfrac{\text{流動資産}\quad 750 + 325 + 175}{\text{流動負債}\quad 875} \times 100 = 142.85\cdots \rightarrow 142.9\%$

② 当座比率：$\dfrac{\text{当座資産}\quad 750}{\text{流動負債}\quad 875} \times 100 = 85.71\cdots \rightarrow 85.7\%$

③ 負債比率：$\dfrac{\text{流動負債}\quad 875 + \text{固定負債}\quad 1{,}000}{\text{自己資本}\quad 750} \times 100 = 250\%$

④ 自己資本比率：$\dfrac{\text{自己資本}\quad 750}{\text{総資本}\quad 2{,}625} \times 100 = 28.57\cdots \rightarrow 28.6\%$

⑤ 固定比率：$\dfrac{\text{固定資産}\quad 1{,}375}{\text{自己資本}\quad 750} \times 100 = 183.33\cdots \rightarrow 183.3\%$

⑥ 固定長期適合率：$\dfrac{\text{固定資産}\quad 1{,}375}{\text{自己資本}\quad 750 + \text{固定負債}\quad 1{,}000} \times 100 = 78.57\cdots \rightarrow 78.6\%$

(2)

① インタレスト・カバレッジ・レシオ：$\dfrac{\text{事業利益}\quad 960}{\text{支払利息}\quad 80} = 12\text{倍}$

② キャッシュ・フロー・インタレスト・カバレッジ・レシオ：

$\dfrac{\text{営業活動によるキャッシュ・フロー}\quad 640}{\text{支払利息}\quad 80} = 8\text{倍}$

[第11章]

■練習問題1

1. 1,061,208円 （＝1,000,000円×1.02³）

2. 500,000円 （＝540,800円÷1.04²）

3. 1,000,000円 （＝660,000円÷1.1＋484,000円÷1.1²）

■練習問題2

貸倒見積額：帳簿価額8,000千円－現在価値6,000千円（＝7,986千円÷1.1³）＝<u>2,000千円</u>

■練習問題3

(1) 1,100千円

(2) 8,500千円

(1) 使用価値900千円＞正味売却価額800千円なので，回収可能価額は900千円である。

　減損損失：帳簿価額2,000千円－回収可能価額900千円＝1,100千円

(2) 使用価値：4,400千円÷1.1＋3,025÷1.1²＋1,331÷1.1³＝7,500千円

　使用価値7,500千円＞正味売却価額6,800千円なので，回収可能価額は7,500千円である。

　減損損失：帳簿価額16,000千円－回収可能価額7,500千円＝8,500千円

■練習問題4

(1) 4,300千円 （＝4,000千円＋300千円）

(2) 370千円 （＝450千円÷1.04⁵）

■練習問題5

1. ×：借手は，リースをファイナンス・リースとオペレーティング・リースに分類しない。

2. ○

■練習問題6

(1) 1,000千円 （＝期首の退職給付債務3,000千円－期首の年金資産2,000千円）

(2) 150千円 （＝期首の退職給付債務3,000千円×割引率5％）

(3) 60千円 （＝期首の年金資産2,000千円×長期期待運用収益率3％）

(4) 490千円 （＝勤務費用400千円＋利息費用150千円－期待運用収益60千円）

(5) 1,490千円 （＝(1)1,000千円＋(4)490千円）

［索　引］

━ あ ━

粗利益 ･･････････････････････････････････ 76
安全性分析 ･･････････････････････････････ 137
一時差異 ････････････････････････････････ 127
１年基準 ････････････････････････････････ 25
一般債権 ････････････････････････････････ 30
一般に公正妥当と認められた会計原則
　（GAAP：Generally Accepted
　Accounting Principles）･･････････････ 13
インタレスト・カバレッジ・レシオ ･･･ 154
売上原価 ･････････････････････････････ 36, 75
売上債権回転期間 ････････････････････････ 146
売上総利益 ･･････････････････････････････ 76
永久差異 ････････････････････････････････ 126
営業外収益 ･･････････････････････････････ 77
営業外費用 ･･････････････････････････････ 77
営業活動 ････････････････････････････････ 86
営業利益 ･････････････････････････････ 76, 77
影響力基準 ･･････････････････････････････ 113
益金算入（損金算入）･･････････････････ 125
益金不算入（損金不算入）･･････････････ 125
オペレーティング・リース ･････････････ 165
親会社 ･･････････････････････････････････ 99

━ か ━

会計（accounting）･･････････････････････ 1
会計期間 ････････････････････････････････ 1
会計期間の公準 ･･････････････････････････ 9
会計公準 ････････････････････････････････ 8
会計実体の公準 ･･････････････････････････ 8
会社法計算規則 ･･････････････････････････ 14
会社法施行規則 ･･････････････････････････ 14
回収可能価額 ････････････････････････････ 161
解約不能 ････････････････････････････････ 165
確定給付型 ･･････････････････････････････ 168
確定拠出型 ･･････････････････････････････ 168
確定決算主義 ････････････････････････････ 125
確定申告 ････････････････････････････････ 123
貸倒れ ･･････････････････････････････････ 29

貸倒懸念債権 ･･････････････････････････ 30, 159
貸倒引当金 ･･････････････････････････････ 29
貸倒見積額 ･･････････････････････････････ 29
課税所得 ････････････････････････････････ 125
株式引受権 ･･････････････････････････････ 65
株式報酬費用 ････････････････････････････ 67
株主 ････････････････････････････････････ 2
株主資本 ････････････････････････････････ 59
株主資本等変動計算書 ･･････････････････ 7, 68
株主総会 ････････････････････････････････ 14
為替換算調整勘定 ････････････････････････ 117
環境，社会，ガバナンス（ESG）･･･････ 20
監査報告書 ･･････････････････････････････ 16
監査法人 ････････････････････････････････ 16
間接法 ･･････････････････････････････････ 87
関連会社 ････････････････････････････････ 113
期間定額基準 ････････････････････････････ 169
期間的対応 ･･････････････････････････････ 76
企業会計基準委員会（ASBJ）･･･････････ 13
企業会計原則 ････････････････････････････ 13
企業結合 ････････････････････････････････ 44
企業年金制度 ････････････････････････････ 168
期首 ････････････････････････････････････ 1
期待運用収益 ････････････････････････････ 171
期中 ････････････････････････････････････ 1
期末 ････････････････････････････････････ 1
キャッシュ・フロー計算書 ･･････････････ 7, 85
キャッシュ・フロー見積法 ･････････････ 159
金銭債権 ････････････････････････････････ 28
勤務費用 ････････････････････････････････ 170
金融商品取引所 ･･････････････････････････ 18
金融商品取引法 ･･････････････････････････ 14
金利の調整 ･･････････････････････････････ 33
繰越利益剰余金 ･･････････････････････････ 62
繰延資産 ････････････････････････････････ 25
繰延税金資産 ････････････････････････････ 129
繰延税金負債 ････････････････････････････ 129
クロスセクション分析 ･･････････････････ 138
経営成績 ････････････････････････････････ 4
計算書類 ････････････････････････････････ 14

経常利益 ················· 77	事業利益 ·················· 142
継続企業（ゴーイング・コンサーン，	時系列分析 ················ 138
Going Concern：GC）··········· 9	自己株式 ·················· 62
継続企業の公準 ············ 9	自己株式処分差益 ·········· 63
契約負債 ················· 81	自己株式処分差損 ·········· 63
決算短信 ················· 18	自己資本当期純利益率 ······ 143
決算日 ··················· 1	自己資本比率 ·············· 151
決算日レート法 ············ 117	資産 ················· 3, 25
減価償却 ················· 41	資産除去債務 ·············· 162
減価償却費 ··············· 41	持続可能社会への貢献
現金同等物 ··············· 86	（サステナビリティ）········· 20
現在価値 ············· 28, 158	実効税率 ·················· 129
減収 ··················· 75	実数分析 ·················· 138
減損 ··················· 160	支配獲得日 ················ 101
減損損失 ················· 161	支配力基準 ················ 99
公開会社 ················· 14	四半期決算短信 ············ 18
公認会計士 ··············· 16	資本準備金 ················ 60
子会社 ··················· 99	資本利益率 ················ 141
子会社株式および関連会社株式 ··· 34	収益 ················· 4, 73
固定資産 ················· 25	収益性分析 ················ 137
固定性配列法 ·············· 27	取得原価（historical cost）···· 28
固定長期適合率 ············ 153	純資産 ················ 3, 59
固定比率 ················· 152	償却原価法 ················ 33
固定負債 ················· 51	使用権資産 ················ 167
個別財務諸表 ·············· 8	商標権 ··················· 45
個別的対応 ··············· 76	正味売却価額 ·············· 40
	将来加算一時差異 ·········· 129
━━ さ ━━	将来価値 ·················· 157
	将来減算一時差異 ·········· 128
債権 ··················· 28	新株予約権 ················ 65
債権者 ··················· 2	ストック・オプション ······ 66
財産法 ··················· 6	正常営業循環基準 ·········· 25
財政状態 ················· 3	税引前当期純利益 ·········· 77
財務会計基準機構（FASF）····· 13	セグメント情報 ············ 115
財務活動 ················· 86	全部純資産直入法 ·········· 34
財務諸表 ················· 1	総額主義の原則 ········· 27, 74
財務諸表等規則 ············ 15	総資本回転率 ·············· 146
財務諸表分析 ·············· 137	総資本（総資産）事業利益率 ··· 142
財務レバレッジ効果 ········ 144	増収 ··················· 75
財務レバレッジ比率 ········ 144	その他資本剰余金 ·········· 61
サステナビリティ基準委員会（SSBJ）···· 21	その他の包括利益累計額 ····· 65
仕入債務回転期間 ·········· 147	その他有価証券 ············ 34
時価（fair value：公正価値）··· 28	その他有価証券評価差額金 ····· 34
事業セグメント ············ 116	

ソフトウェア ……………………… 44
損益計算書 …………………… 3, 73
損益法 ……………………………… 6
損失 ……………………………… 4

■■■ た ■■■

大会社 …………………………… 16
貸借対照表 ……………………… 3
退職一時金制度 ………………… 168
退職給付 ………………………… 168
退職給付債務 …………………… 168
退職給付引当金
　（退職給付に係る負債）……… 172
退職給付費用 …………………… 172
ダウン・ストリーム …………… 109
棚卸資産 ………………………… 36
棚卸資産回転期間 ……………… 147
棚卸資産評価損 ………………… 40
中間申告 ………………………… 123
帳簿価額 ………………………… 43
直接法 …………………………… 87
定額法 …………………………… 42
定率法 …………………………… 42
電子公告規制 …………………… 14
当期純利益 ……………………… 78
当座比率 ………………………… 150
投資活動 ………………………… 86
投資その他の資産 …………… 26, 46
特別損失 ………………………… 77
特別利益 ………………………… 77
特許権 …………………………… 45
取締役 …………………………… 14

■■■ な ■■■

内部統制 ………………………… 16
内部統制監査 …………………… 17
内部統制報告書 ………………… 17
任意積立金 ……………………… 62
年金資産 ………………………… 171

■■■ は ■■■

配当 ……………………………… 31
売買目的有価証券 ……………… 32

破産更正債権等 ………………… 30
発生主義 ………………………… 79
払込資本 ………………………… 59
半期報告書 ……………………… 15
販売費及び一般管理費 ………… 76
引当金 …………………………… 54
非支配株主 ……………………… 104
非支配株主持分 ………………… 104
1株当たり当期純利益（EPS）… 79
費用 …………………………… 4, 73
評価・換算差額等 ……………… 65
評価性引当金 …………………… 56
費用収益対応の原則 …………… 75
比率分析 ………………………… 138
非連結子会社 …………………… 100
ファイナンス・リース ………… 165
負債 …………………………… 3, 51
負債性引当金 …………………… 56
負債比率 ………………………… 151
附属明細表 ……………………… 7
フリー・キャッシュ・フロー（FCF）… 95
フルペイアウト ………………… 165
粉飾決算 ………………………… 16
分配可能額 ……………………… 13
包括利益 ………………………… 110
報告セグメント ………………… 116
法人税, 住民税及び事業税 …… 78
法人税, 住民税及び事業税
　（法人税等）…………………… 123
法人税等合計 …………………… 78
法人税等調整額 ………………… 78

■■■ ま ■■■

マネジメント・アプローチ …… 116
満期保有目的の債券 …………… 33
未実現利益 ……………………… 109
無形固定資産 ………………… 26, 44
持分法 …………………………… 112
持分法による投資損失 ………… 114
持分法による投資利益 ………… 113

━ や ━

有価証券 ……………………………… 14
有価証券上場規程 ………………… 18
有価証券届出書 …………………… 14
有価証券評価益 …………………… 32
有価証券評価損 …………………… 32
有価証券報告書 …………………… 14
有形固定資産 ………………… 26,41

━ ら ━

リース債務 ………………………… 165
リース資産 ………………………… 165
リース取引 ………………………… 165
リース負債 ………………………… 167
利益 ………………………………… 4

利益準備金 ………………………… 61
利益剰余金 ………………………… 61
利害関係者（ステークホルダー）……… 2
履行義務 …………………………… 80
利息費用 …………………………… 170
利払日 ……………………………… 54
流動資産 …………………………… 25
流動性配列法 ……………………… 27
流動比率 …………………………… 149
流動負債 …………………………… 51
留保利益 …………………………… 60
連結子会社 ………………………… 100
連結財務諸表 …………………… 9,99

━ わ ━

割引率 ……………………………… 158

■監修者

大塚　宗春（おおつか　むねはる）

1965年　早稲田大学第一商学部卒業
1974年　早稲田大学大学院商学研究科博士後期課程単位取得退学
1980年～2002年　早稲田大学商学部教授
2002年～2005年　会計検査院検査官
2006年～2008年　会計検査院長
2008年～2013年　早稲田大学商学学術院教授
現　在　早稲田大学名誉教授

【主な著者・論文】

・『ベーシック財務管理』（共著，同文舘出版）
・『現代簿記会計』（共著，中央経済社）
・『管理会計の基礎』（共著，税務経理協会）
・『逐条解説　金融商品会計基準』（編著，中央経済社）
・「税金の無駄遣いと会計検査院」（『企業会計』第60巻第10号，2008年）
・「会計検査院における有効性検査」（『會計』第169巻第2号，2006年）

■著者

福島　隆（ふくしま　たかし）　　　担当章／第3章～第5章，第7章～第8章，第10章～
　　　　　　　　　　　　　　　　　　　　第11章

1998年　早稲田大学商学部卒業
2004年　早稲田大学大学院商学研究科博士後期課程単位取得退学
　　　　明海大学不動産学部専任講師，准教授，明星大学経営学部准教授を経て
現　在　明星大学経営学部教授

【主な著者・論文】

・『新版　はじめまして会計学』（共著，中央経済社）
・『テキスト入門会計学』（共著，中央経済社）
・「地方公会計における有形固定資産の減損処理に関する一考察―サービス提供能
　力に着目して―」（『明星大学経営学研究紀要』第18号，2022年）
・「金融商品の流動性リスクと財務報告」（『早稲田商学』第434号，2013年）

金子　良太（かねこ　りょうた）　担当章／第6章，第9章

　1999年　早稲田大学商学部卒業
　2004年　早稲田大学大学院商学研究科博士後期課程単位取得退学
　　　　　　國學院大學経済学部専任講師，准教授，教授を経て
　現　在　早稲田大学商学学術院教授

【主な著者・論文】

- ・『非営利組織会計の基礎知識』（共著，白桃書房）
- ・『非営利法人の税務論点』（共著，中央経済社）
- ・『公益法人会計の教科書　中級』（単著，全国公益法人協会）
- ・『社会福祉法人の課題解決と未来の展望』（共著，同文舘出版）

若林　利明（わかばやし　としあき）　担当章／第1章，第2章

　2009年　早稲田大学商学部卒業
　2015年　早稲田大学大学院商学研究科博士後期課程単位取得退学
　2018年　早稲田大学より博士（商学）を取得
　　　　　　上智大学経済学部助教，准教授を経て
　現　在　早稲田大学商学学術院准教授

【主な著者・論文】

- ・『アイデンティティ業績管理会計』（単著，中央経済社）
- ・"Theoretical analysis of non-deductible expenses: Implications for the design of compensation contracts"（*Journal of Accounting and Public Policy* 45, 2024年）
- ・"A theory of management control packages and organizational identity"（*Journal of Management Control* 34, 2023年）
- ・"Fixed salary or incentive contract? –The effect of cognitive bias and influence activity on the compensation contract-"（*Asia-Pacific Journal of Accounting & Economics* 29(1), 2022年）

会計学の基本

2024年12月15日　第1版第1刷発行

監　修	大　塚　宗　春	
著　者	福　島　隆　太	
	金　子　良　明	
	若　林　利　継	
発行者	山　本　　　継	
発行所	㈱中央経済社	
発売元	㈱中央経済グループ パブリッシング	

〒101-0051　東京都千代田区神田神保町1-35
電話　03 (3293) 3371（編集代表）
03 (3293) 3381（営業代表）
https://www.chuokeizai.co.jp

Ⓒ 2024
Printed in Japan

印刷／三英グラフィック・アーツ㈱
製本／㈲井上製本所

＊頁の「欠落」や「順序違い」などがありましたらお取り替えいた
しますので発売元までご送付ください。（送料小社負担）
ISBN978-4-502-51951-2　C3034

JCOPY〈出版者著作権管理機構委託出版物〉本書を無断で複写複製（コピー）することは，
著作権法上の例外を除き，禁じられています。本書をコピーされる場合は事前に出版者著
作権管理機構（JCOPY）の許諾を受けてください。
　JCOPY〈https://www.jcopy.or.jp　eメール：info@jcopy.or.jp〉

―■おすすめします■―

学生・ビジネスマンに好評
■最新の会計諸法規を収録■

新版 会計法規集

中央経済社編

会計学の学習・受験や経理実務に役立つことを目的に，
最新の会計諸法規と企業会計基準委員会等が公表した
会計基準を完全収録した法規集です。

《主要内容》

会計諸基準編＝企業会計原則／外貨建取引等会計処理基準／連結CF計算書等作成基準／研究開発費等会計基準／税効果会計基準／減損会計基準／自己株式会計基準／１株当たり当期純利益会計基準／役員賞与会計基準／純資産会計基準／株主資本等変動計算書会計基準／事業分離等会計基準／ストック・オプション会計基準／棚卸資産会計基準／金融商品会計基準／関連当事者会計基準／四半期会計基準／リース会計基準／持分法会計基準／セグメント開示会計基準／資産除去債務会計基準／賃貸等不動産会計基準／企業結合会計基準／連結財務諸表会計基準／研究開発費等会計基準の一部改正／変更・誤謬の訂正会計基準／包括利益会計基準／退職給付会計基準／税効果会計基準の一部改正／収益認識基準／時価算定基準／原価計算基準／監査基準／連続意見書　他

会 社 法 編＝会社法・施行令・施行規則／会社計算規則

金 商 法 編＝金融商品取引法・施行令／企業内容等開示府令／財務諸表等規則・ガイドライン／連結財務諸表規則・ガイドライン／四半期財務諸表等規則・ガイドライン／四半期連結財務諸表規則・ガイドライン　他

関 連 法 規 編＝税理士法／討議資料・財務会計の概念フレームワーク　他

■中央経済社■